EDUCAÇÃO E RAÇA
Perspectivas políticas,
pedagógicas e estéticas

EDUCAÇÃO E RAÇA
Perspectivas políticas, pedagógicas e estéticas

Anete Abramowicz
Nilma Lino Gomes
Organizadoras

Anete Abramowicz
Fabiana de Oliveira
Fernanda Silva de Oliveira
Fúlvia Rosemberg
Karina Almeida de Sousa
Kelly Cristina Cândida de Souza
Nilma Lino Gomes
Petronilha Beatriz Gonçalves e Silva
Tatiane Cosentino Rodrigues
Valter Roberto Silvério

2ª edição

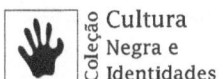

Coleção Cultura Negra e Identidades

autêntica

Copyright © 2010 As organizadoras
Copyright © 2010 Autêntica Editora

Todos os direitos reservados pela Autêntica Editora. Nenhuma parte desta publicação poderá ser reproduzida, seja por meios mecânicos, eletrônicos, seja via cópia xerográfica, sem a autorização prévia da Editora.

COORDENADORA DA COLEÇÃO
Nilma Lino Gomes

CONSELHO EDITORIAL
Marta Araújo (Universidade de Coimbra); Petronilha Beatriz Gonçalves e Silva (UFSCAR); Renato Emerson dos Santos (UERJ); Maria Nazareth Soares Fonseca (PUC Minas); Kabengele Munanga (USP)

CONSELHO EDITORIAL DO DEPARTAMENTO DE SOCIOLOGIA DA UNB (SOL)
Renato Ortiz (Unicamp); Sadi Dal Rosso (UnB); Glaucia Villas-Boas (UFRJ); Marcelo Ridenti (Unicamp); Mike Featherstone (University of London); Carlos Benedito Martins (UnB); Luís Roberto Cardoso Oliveira (UnB); Gerard Delanty (University of Sussex)

EDITORAS RESPONSÁVEIS
Rejane Dias
Cecília Martins

REVISÃO
Graça Lima

CAPA
Alberto Bittencourt

DIAGRAMAÇÃO
Camila Sthefane Guimarães

Dados Internacionais de Catalogação na Publicação (CIP)
(Câmara Brasileira do Livro, SP, Brasil)

Educação e raça : perspectivas políticas, pedagógicas e estéticas / Anete Abramowicz, Nilma Lino Gomes, organizadoras. -- 2. ed. -- Belo Horizonte: Autêntica, 2020. -- (Coleção Cultura Negra e Identidades / coordenação Nilma Lino Gomes)

Vários autores.
ISBN 978-85-513-0835-6

1. Ação afirmativa 2. Desigualdade social 3. Discriminação na educação 4. Diversidade cultural 5. Educação - Brasil 6. Igualdade na educação 7. Multiculturalismo 8. Negros - Brasil 9. Política e educação 10. Preconceitos I. Abramowicz, Anete. II. Gomes, Nilma Lino. III. Série.

20-32884   CDD-306.430981

Índices para catálogo sistemático:
1. Brasil : Relações étnico-raciais : Sociologia educacional 306.430981

Maria Alice Ferreira - Bibliotecária - CRB-8/7964

Belo Horizonte
Rua Carlos Turner, 420
Silveira . 31140-520
Belo Horizonte . MG
Tel.: (55 31) 3465 4500

São Paulo
Av. Paulista, 2.073 . Conjunto Nacional
Horsa I . 23º andar . Conj. 2310-2312
Cerqueira César . 01311-940 . São Paulo . SP
Tel.: (55 11) 3034 4468

www.grupoautentica.com.br

SUMÁRIO

7 Apresentação

PARTE 1
PERSPECTIVAS POLÍTICAS E PEDAGÓGICAS: RAÇA E CONHECIMENTO

15 **A implementação do Programa Internacional de Bolsas de Pós-Graduação da Fundação Ford: uma experiência brasileira de ação afirmativa**
Fúlvia Rosemberg

37 **Estudos Afro-Brasileiros: africanidades e cidadania**
Petronilha Beatriz Gonçalves e Silva

PARTE 2
PERSPECTIVAS PEDAGÓGICAS E ESTÉTICAS: RAÇA, PROCESSOS, EDUCAÇÃO E PESQUISA

57 **Diversidade étnico-racial e trajetórias docentes: um estudo etnográfico em escolas públicas**
Nilma Lino Gomes, Fernanda Silva de Oliveira, Kelly Cristina Cândida de Souza

73 **A criança negra, uma criança e negra**
Anete Abramowicz, Fabiana de Oliveira, Tatiane Cosentino Rodrigues

95 **A socialização e a identidade: a escola e o dilema étnico-racial**
Valter Roberto Silvério, Karina Almeida de Sousa

119 Sobre os autores

Apresentação

O livro *Educação e raça: perspectivas políticas, pedagógicas e estéticas* se propõe a realizar uma cartografia de um dos temas mais prementes da atualidade: como se dão as relações étnico-raciais na educação?

Dessa primeira e difícil pergunta, derivam outras: como se conciliam raça, educação e nação? Quem é o "Outro" na educação? Como se constitui o "Outro" no processo de produção das identidades? O que significa a experiência racial? Quais as possibilidades teóricas e práticas de pensar a realidade social a partir da ideia de raça? Como estabelecer a relação entre escola, currículo e relações étnico-raciais? São algumas das questões que estão postas para aqueles que pretendem enfrentar o complexo debate sobre as diferenças, as diversidades e as redes sociais de desigualdades sob a perspectiva racial.

Os movimentos sociais, especialmente o movimento negro, se reapropriou do conceito de raça, para além de qualquer conotação biológica do termo, como uma maneira, ao mesmo tempo, de resistência e resposta ao processo de subalternização no qual os negros foram e são colocados nas hierarquias sociais e de trabalho. Nesse contexto, raça é entendida como uma construção social e política. O movimento negro, juntamente com vários cientistas sociais, realiza um processo de ressignificação da raça, entendendo-a como uma categoria sociológica e analítica de interpretação da realidade social.

Podemos dizer que o pensamento negro é uma resistência, ou a resposta mais forte à experiência da escravidão, da colonização e da segregação. Dessa maneira, um "pensamento negro" é um tipo de resistência a qualquer forma de opressão pela qual ela aparece. Portanto, refletir sobre a condição negra não é outra coisa senão refletir sobre a condição humana.

A questão racial está atualizada. A diferença e a diversidade estão na pauta e na agenda mundial a partir de um processo intenso de (i)migração, de um encontro sem precedentes de culturas e modos de viver tão diversos que o processo de globalização produziu, implementou e, no momento, pretende estancar com políticas fortemente restritivas de ingresso aos países da Europa, por exemplo.

No Brasil, desde o momento em que as estatísticas explicitaram em seus indicadores o quesito raça, visibilizou-se, em todas as dimensões, a imensa desigualdade social entre brancos e negros e o forte processo discriminatório existente na sociedade brasileira, incansavelmente apontado pelo movimento negro. Desse modo, o mito da democracia racial foi sendo erodido nesse processo de luta e a reivindicação negra por reconhecimento, por reparação e fundamentalmente por condições igualitárias de acesso aos bens públicos, especialmente, à educação, se consubstanciou em políticas afirmativas, especialmente na educação superior, e impôs, ao mesmo tempo, a necessidade de o país repactuar as relações étnico-raciais, bem como a maneira pela qual se representava como nação.

O multiculturalismo, entendido como um movimento de resistência e que reivindica o direito à diferença, emerge da luta dos movimentos sociais, especialmente dos negros, e vai conquistando espaço no âmbito educacional. A partir de então, temos assistido a várias experiências pedagógicas e curriculares construídas como alternativa de um novo pacto social e educativo. A diversidade tornou-se palavra-chave das inúmeras propostas pedagógicas e de políticas públicas em educação que buscaram incorporar a presença negra na história brasileira. Ainda insuficiente. Pois a base teórica sob a qual a escola foi construída se apoia na ideia de uma indiferença às diferenças, ou seja, a escola se pensa como única e universal para todos. Ou seja, se a escola deve ser indiferente aos territórios, às origens, à cultura das famílias é o princípio da indiferença ao outro que está na raiz dessa instituição. O único e o universal são construções teóricas e políticas que sobrepõem valores de uns sobre os outros, de acordo com as relações de forças postas nos contextos sociais.

Os discursos e as práticas que primam ou pelo universal ou pelo diferente são mais do que posturas políticas ou entendimentos teóricos sobre o "Outro". São campos de tensões, construídos em contextos desiguais e em relações de poder. Portanto, são territórios de conflitos e de lutas.

Qual é a boa ferramenta teórica que me possibilita apreender o "Outro", sem familiarizá-lo, domesticá-lo, aculturá-lo, ou seja, sem transformá-lo em "eu mesmo", sem reduzi-lo a algo conhecido? Tarefa difícil. O outro aparece na maioria das vezes em sua dimensão ininteligível. Pois o outro é, também, e por vezes, o limite de nosso pensamento, o impensado, um lugar de forças, um lugar desconhecido que o cardápio de sentidos de que dispomos é totalmente insuficiente para apreendê-lo em suas diferenças.

É nesse contexto que os autores e as autoras deste livro convidam o leitor(a) a entrar neste debate político e estético sobre a diferença, sobre raça e educação. Esse é realizado por meio de enfoques diversos os quais expressam opiniões, interpretações, relatos de pesquisas, pontos comuns e divergentes sobre o tema em questão.

O primeiro artigo, "A implementação do Programa Internacional de Bolsas de Pós-Graduação da Fundação Ford: uma experiência brasileira de ação afirmativa", de Fúlvia Rosemberg, relata a experiência de implementação, no Brasil, do Programa Internacional de Bolsas de Pós-Graduação da Fundação Ford, que adota estratégia de ação afirmativa voltada para a pós-graduação. O relato é construído no confronto com o debate brasileiro contemporâneo sobre ação afirmativa no ensino superior, ponderando sobre estratégias viáveis para superar tensões e conflitos, algumas delas disponíveis no repertório de experiências de ação afirmativa e de agências de fomento.

O artigo "Estudos Afro-Brasileiros: africanidades e cidadania", de Petronilha Beatriz Gonçalves e Silva, propõe um campo de pesquisa e de ensino, de formação identitária e intelectual, de desenvolvimento de cidadania no âmbito dos Estudos do Mundo Africano, os quais incluem divulgação e produção de conhecimentos de raiz africana. Os objetivos são de combate ao racismo e às discriminações, de reconhecimento e valorização das culturas e das histórias dos africanos do Continente e da Diáspora. Os Estudos Afro-Brasileiros focalizam as raízes africanas e as problemáticas de vida e formação humana enfrentadas pelos negros, dialogam com conhecimentos produzidos por outras raízes étnico-raciais que constituem a humanidade.

"Diversidade étnico-racial e trajetórias docentes: um estudo etnográfico em escolas públicas", artigo de Nilma Lino Gomes, Fernanda Silva de Oliveira e Kelly Cristina Cândida de Souza, apresenta uma etnografia realizada nos anos de 2004 e 2005. Durante a realização de dois projetos de extensão voltados para a formação continuada de professores e professoras para a diversidade étnico-racial, alguns profissionais mostraram-se mais sensíveis ao trato da questão racial na escola. Desses, foram selecionados oito docentes negros(as) e brancos(as), oriundos de escolas públicas da cidade de Belo Horizonte e região. O objetivo central da investigação foi compreender como essa postura foi construída ao longo dos percursos biográficos e escolares dos docentes. A antropologia interpretativa de Geertz e os estudos sobre negro e educação constituíram a principal abordagem teórica e metodológica adotada.

"A criança negra, uma criança e negra", de Anete Abramowicz, Fabiana de Oliveira e Tatiane Cosentino Rodrigues, analisa as pesquisas publicadas em periódicos da educação e em livros em relação à criança negra, realizadas durante os anos de 2000 a 2007. A partir dessa síntese, as autoras apresentam uma proposta de classificação do estágio atual de desenvolvimento dessas pesquisas no Brasil, propondo uma possibilidade teórica de pensar essa produção a partir de duas categorias. Denominaram *a criança negra* como aquela que, de certa forma, faz parte da primeira fase das pesquisas realizadas sobre esse tema e *uma criança e negra* como uma proposta da segunda fase das pesquisas. O uso do artigo *a* da primeira fase refere-se à ideia de que as crianças negras, nas pesquisas, foram pensadas de maneira universal como todas as crianças negras; a outra fase: *uma infância e negra* segue o rastro do pensamento de Stuart Hall. Esse segundo momento não só centrado em denúncias de racismo, mas nas possibilidades de inversão e de produção de outras coisas sob a clave do negro, daquilo que ele difere e faz diferir.

"A socialização e a identidade: a escola e o dilema étnico-racial", de Valter Roberto Silvério e Karina Almeida Souza, pretende, na primeira parte, revisitar o conceito de socialização a partir dos novos processos de ensino e de aprendizagem, das novas maneiras de fazer instituições e da complexidade da sociedade atual, reafirmando a tese de que raça e etnicidade não tiveram os seus significados desconsiderados em sociedades multiétnicas e multirraciais, como prometia o industrialismo. Os autores mostram ao mesmo tempo a preponderância da escola no processo de construção identitária e a incapacidade da escola em lidar com as diferenças étnico-raciais, já que ela reforça também a relação entre origem social e destinos individuais, ou seja, a escola reforça e não corrige as desigualdades sociais. Em um segundo momento, o artigo analisa artigos apresentados na Associação Nacional de Pós-Graduação e Pesquisa em Educação (ANPEd), no período de 1993 a 2001, no Grupo de Trabalho "Movimentos Sociais e Educação" e, a partir de 2002, no Grupo de Trabalho Relações Étnicas/Raciais e Educação transformado posteriormente em "Afro-Brasileiros e Educação" (o qual retomou a primeira nomenclatura no ano de 2008) para demonstrar a tensão entre duas visões sobre o processo de ensino/aprendizagem: a perspectiva cognitiva e a perspectiva cultural.

A nossa expectativa é a de que a leitura deste livro traga novos questionamentos, abra novas perspectivas e nos interpelem na relação que temos estabelecido na sociedade, na universidade e na educação básica com a diversidade étnico-racial e os desafios que ela nos traz na relação com "Outro".

PARTE 1
Perspectivas políticas e pedagógicas: raça e conhecimento

A implementação do Programa Internacional de Bolsas de Pós-Graduação da Fundação Ford: uma experiência brasileira de ação afirmativa[1]

Fúlvia Rosemberg

O Programa Internacional de Bolsas de Pós-Graduação da Fundação Ford (IFP), em cenário internacional, teve início em 2001 e foi implantado gradativamente em 22 países e territórios da Ásia, África, América Latina e na Rússia. Na América Latina, ele vem sendo implementado no Chile, Guatemala, México, Peru e no Brasil. Seu objetivo principal é permitir o acesso à pós-graduação a pessoas provenientes de grupos "excluídos" e "apoiar a formação de uma nova geração de líderes" (DASSIN, 2007, p. 9). Seu pressuposto é o de que a educação, em nível pós-graduado, constitui uma das ferramentas para incentivar a consolidação de lideranças comprometidas com novas opções de desenvolvimento em prol da justiça e igualdade social. Delineado centralmente em suas grandes linhas, o Programa IFP previu uma implementação descentralizada em cada país, mediante parcerias com instituições locais que, entre múltiplas funções, identificaram os fatores nacionais que constituem as maiores barreiras sociais para o acesso aos estudos pós-graduados. No conjunto de países que estão implementando o Programa IFP, tais fatores podem variar: situação socioeconômica, gênero, etnia, raça, casta, religião, idioma, isolamento geográfico, instabilidade política,

---

[1] Em memória da colega Regina Pahim Pinto. Agradeço a Leandro Feitosa Andrade e Márcia Caxeta pela contribuição.

deficiência física foram identificados como condições que dificultam o acesso, permanência e sucesso na pós-graduação.

No Brasil, o Programa foi implementado em parceria com a Fundação Carlos Chagas, indicada após consulta preliminar, encomendada pelo escritório brasileiro da Fundação Ford aos professores Luiz Alberto Oliveira Gonçalves (Universidade Federal de Minas Gerais) e Marco Antonio Rocha (na época, Fulbright do Brasil). A parceria com a Fundação Carlos Chagas foi indicada em decorrência de sua reconhecida respeitabilidade nos campos de concursos públicos, formação de recursos humanos, bem como sua experiência nas áreas da pesquisa sobre desigualdades no sistema educacional brasileiro e no fomento à investigação sobre temas emergentes (Rosemberg, 2008).

O Programa IFP no Brasil foi lançado em 2001, realizou oito seleções anuais e concedeu 343 bolsas, 79% alocadas ao mestrado. Com base em indicadores macrossociais disponíveis, estabelecemos que o Programa IFP seria preferencialmente destinado a pessoas negras ou indígenas, nascidas nas regiões Norte, Nordeste ou Centro-Oeste, ou provenientes de famílias que tiveram poucas oportunidades econômicas e educacionais. Tais segmentos sociais são os que dispõem, no país, de menor acesso à pós-graduação (Tab. 1). No Brasil, o Programa optou, também, por conceder exclusivamente bolsas de doutorado e mestrado *stricto sensu*, em consonância com a institucionalização de nossa pós-graduação. Conforme as normas internacionais, a bolsa é concedida por, no máximo, 24 meses no mestrado e 36 meses no doutorado, duração que, também, coincide com normas que regem bolsas nacionais.

Tabela 1 – Percentual de pessoas que frequentaram ou estão frequentando pós-graduação, por variáveis e ano. Brasil

Variáveis	Ano	
	2002	2005
Sexo		
Homens	49	50
Mulheres	51	50

Cor/raça		
Branca e amarela	86	85
Preta, parda, indígena	14	15
Região		
Sul/Sudeste	76	73
Norte/Nordeste/Centro-Oeste	24	27
Total	688.677	794.742

Fonte: PNAD (2002 e 2005).

Quando iniciamos a implantação do Programa IFP no Brasil, a despeito do apoio institucional de que dispúnhamos, tivemos que enfrentar tensões decorrentes, de um lado, da carência de reflexões sobre ação afirmativa (AA) na pós-graduação e, de outro, do fogo cruzado do debate sobre AA no ensino superior.

Com efeito, uma rápida incursão pela produção bibliográfica na educação (PINTO, 1993; GONÇALVES; SILVA, 2000; MIRANDA; AGUIAR; DI PIERRO, 2004) aponta a negligência de nossos pesquisadores(as) sobre os temas relacionados à educação e relações étnico-raciais e AA. Por exemplo, Gonçalves e Silva (2000), analisando a base de dados de teses e dissertações defendidas em programas de pós-graduação em Educação, entre os anos 1981 e 1997, localizaram apenas 25 títulos sobre educação e diversidade, 20 sobre educação e relações raciais e 17 sobre educação indígena (p. 102).[2]

Além disso, com raras e notáveis exceções, o debate sobre AA na educação vem mobilizando, principalmente, autores(as), pesquisadores(as) da Economia, Sociologia, Política, Antropologia

---

[2] Gomes (2004) destaca mudanças que vêm ocorrendo neste quadro nos últimos anos, especialmente via privilegiamento da temática "negro e educação" em alguns programas de pós-graduação, a realização dos Congressos Brasileiros de Pesquisadores Negros, a partir de 2000, "o surgimento e a consolidação do Grupo de Estudos Educação e Afro-Brasileiros" na Associação Nacional de Pós-graduação em Educação (ANPEd) e a implementação dos Programas Políticas da Cor (Universidade Estadual do Rio de Janeiro e Internacional de Bolsas de Pós-Graduação da Fundação Ford) (p. 16-18).

e do Direito e que, nem sempre, têm acompanhado os meandros das políticas e práticas educacionais.³ A carência de informações se amplia quando consideramos o estado de conhecimentos sobre população indígena no ensino superior ou na pós-graduação (LIMA, BARROSO-HOFFMAN, 2004; LUCIANO, 2006; ROSEMBERG; ANDRADE, no prelo).

Com efeito, Feres Jr. e Daflon (2007, p. 15-16), ao apresentarem o *Guia Bibliográfico Multidisciplinar* sobre AA no Brasil, África do Sul, Índia e EUA, qualificam a produção acadêmica brasileira como "exígua" e de qualidade desigual, assinalam que a produção "ainda é muito contaminada pela pugna do debate jornalístico" e que, apesar de a participação de antropólogos ser "marcante", notam o crescimento do número de textos no Direito e a entrada "de economistas e cientistas políticos nesta seara". Nenhuma menção, pois, é explicitada sobre a Educação.

Complementarmente, defrontamo-nos com a disponibilidade de poucas referências sobre práticas pedagógicas bem-sucedidas (ou não) na pós-graduação e nas recentes experiências de AA no ensino superior (SILVA, 2003; PENHA-LOPES, 2008). Atribuo tal carência, em parte, ao teor do debate sobre AA no ensino superior: expor acertos, dúvidas e equívocos pode abrir flanco na implementação de experiências que exigem muita atenção e delicadeza por envolverem pessoas e por serem inovadoras.⁴ Uma experiência crucial na implementação do Programa IFP no Brasil, para aprender com acertos e erros de outros países, foi, antes de seu início, termos tido a oportunidade de fazer um curto estágio junto à instituição parceira chilena que havia iniciado o Programa no ano anterior. Não dispomos de informação de intercâmbio equivalente entre as mais de 80 experiências universitárias brasileiras de AA. Se os encontros sobre o tema podem ser adequados para intercâmbio de práticas, eles nem sempre constituem espaços amigáveis para troca

---

³ Para aliviar o texto adotaremos, a seguir e de preferência, o genérico masculino.

⁴ Alguns relatos de experiências brasileiras tratam do miúdo da seleção e do acompanhamento de experiências de AA em educação no setor privado (SILVA, 2003) e em universidades públicas (CORDEIRO, 2008; BRANDÃO, 2007). O Programa IFP foi objeto de descrição e análise em outros artigos (ROSEMBERG, 2004 e 2008; ROSEMBERG; ANDRADE, 2008).

de experiências cotidianas em decorrência da estridência do debate. Uma outra experiência formadora, abrindo possibilidade de discussão mais aprofundada, foi a participação no comitê assessor do projeto *Trilhas de Conhecimento*, uma das experiências nacionais do programa *Pathways to Higher Education Initiative* (Fundação Ford), destinado a incentivar o ensino superior de indígenas, desenvolvido no Brasil pelo LACED (Laboratório de Pesquisas em Etnicidade, Cultura e Desenvolvimento) do Museu Nacional /Universidade Federal do Rio de Janeiro (LIMA, BARROSO-HOFFMANN, 2007; ROSEMBERG; ANDRADE, no prelo).

Portanto, ao enfrentarmos a tarefa de implementar o Programa IFP, deparamo-nos com restrito apoio bibliográfico, sinergizado, no sentido negativo, pelo sensacionalismo do debate que, via de regra, crucifica equívocos na implementação de experiências de AA, como se para serem válidas devessem ser perfeitas. Por outro lado, o ímpeto na defesa das propostas de AA, por vezes, desconsidera ou desqualifica críticas que podem, também por vezes, ser pertinentes quanto a procedimentos e práticas a serem abandonados ou melhorados. Enfrentando tais particularidades do campo de debates e experiências, adotamos algumas estratégias que, a nosso ver, têm sustentado alguns indicadores de sucesso na implementação do Programa IFP no Brasil (Tab. 2).

Tabela 2 – Informações seletas sobre o Programa IFP

Ano de início	2001
Número de seleções*	8
Número de candidatos às 8 seleções*	8.722
Bolsas concedidas*	343 (79% para mestrado)
Duração das bolsas	• mestrado: 24 meses + pré-acadêmico (até 12 meses) • doutorado: 36 meses + pré-acadêmico (até 12 meses) • média: 26,8 meses*

Perfil dos(as) bolsistas*	• 49,6% mulheres • 81,7% declararam-se pretos ou pardos • 13,7% declararam-se indígenas • 65% nasceram nas regiões norte, nordeste ou centro-oeste • média de idade 33,6 anos*
Principais campos de estudos dos(as) bolsistas*	• Educação: 21,9% • Artes e Cultura: 10,9% • Meio Ambiente e Desenvolvimento: 9,3% • Direitos Humanos: 7,6%
Principais universidades em que os(as) bolsistas estudam/ingressaram*	• PUC-SP: 61 • USP: 16 • U. Coimbra: 16 • UFRJ: 13 • UNISINOS: 12 • UFBA: 11 • UNICAMP: 10
Em 15/09/2010	• 191 bolsistas terminaram a bolsa • dentre eles 168 já completaram o curso, 141 no mestrado e 27 no doutorado
Tempo médio para titulação*	• 26,1 meses no mestrado • 44,7 meses no doutorado

Fonte: Base de dados do Programa IFP Brasil (FCC, 2010).
*Os dados assinalados se referem a dezembro de 2008.

Inicialmente, identificamos o Programa IFP como uma experiência de AA, na medida em que se propõe a dar um tratamento preferencial a grupos sub-representados na pós-graduação. Dentre a multiplicidade de conceituações disponíveis sobre AA, optamos por aquela que enfatiza tratar-se de uma ação focalizada que provê tratamento preferencial a certos grupos (em nosso caso por pertença étnico-racial, região de nascimento e condições socioeconômicas da família de origem), visando aumentar a proporção de seus membros em setores da vida social (em nosso caso, a pós-graduação), nos quais tais grupos se encontram sub-representados em razão de discriminações históricas ou atuais (CALVÈS, 2004).

Nesse sentido, a AA é entendida como uma das estratégias políticas de busca de maior justiça social.[5] Tal base de sustentação para nossa experiência de AA, ao lado da adoção de um conceito descritivo para identificar os grupos-alvo – sub-representação –, abriu possibilidades mais adequadas para operacionalizar os critérios de identificação dos candidatos, inclusive a pertença étnico--racial, questão complexa, que abriu celeumas no debate, e que, para alguns, constitui uma das principais críticas à adoção de AA no Brasil. Assim, adotamos no Programa IFP no Brasil, como principal estratégia para a determinação da pertença aos grupos-alvo, inclusive a étnico-racial, a autodeclaração do candidato, empregando as mesmas categorias do IBGE, na medida em que a constatação da sub-representação provém de análises de dados por ele coletados. O desafio aqui enfrentado consiste em manter um equilíbrio entre acatar as informações fornecidas pelos candidatos, isto é, acolher sua declaração de pertença aos segmentos sociais priorizados e, ao mesmo tempo, não cometer injustiça por acolher candidatos "de ocasião" (SILVA, 2003), que podem fornecer informações relativas aos atributos adscritos por oportunismo. Algumas estratégias – como solicitar documentos, foto (exigida também nas fichas de inscrição para programas de pós-graduação), anunciar, no edital, a realização de entrevista e divulgar, no *site* e nos cartazes, o perfil e a "cara" dos bolsistas – têm nos permitido selecionar candidatos em consonância com o perfil almejado (Tab. 3).

---

[5] Feres Jr. (2006) efetua pertinente análise sobre a articulação entre argumentos para sustentar programas de AA e os critérios para definição dos grupos-alvo. Rosemberg (2004) discutiu procedimentos adotados na seleção de bolsistas no Programa IFP.

Tabela 3 – Perfil sociodemográfico e étnico-racial de candidatos e bolsistas ao Programa IFP no Brasil (conjunto de 8 seleções). Em %.

Variáveis	Candidatos	Bolsistas
Total	8.722	343
Sexo feminino	68,2	49,6
Regiões de nascimentos		
Norte + Nordeste + Centro-Oeste	54,2	65,0
Demais e sem informação	45,8	35,0
Autodeclaração de cor/raça		
Preta	34	59,8
Parda	36,1	21,9
Indígena	3,5	13,7
Demais e sem informação	27,2	4,6

Fonte: Base de dados do Programa IFP Brasil (FCC, 2008).

Em boa parte, o debate brasileiro contemporâneo sobre AA no ensino superior focaliza, principalmente, o acesso, considera a cota como única estratégia e negligencia as múltiplas faces envolvidas na alteração das regras de jogo do mercado (SOUZA, 2003). Porém, um programa de AA vai além da seleção dos beneficiários, atingindo a difusão, a preparação, o acompanhamento durante o usufruto do benefício e o *follow-up* para verificar seu impacto (CALVÈS, 2004). A desatenção a cada um desses aspectos pode gerar experiências de AA ineficientes ou, paradoxalmente, injustas e que, ao serem apontadas como exemplares, contaminam a própria ideia de AA.

Proceder a uma difusão proativa da seleção anual tem sido crucial, no sentido de buscar atingir potenciais candidatos fora do circuito tradicional da pós-graduação, especialmente pessoas da região norte e indígenas. Obter o apoio de organizações do movimento social, além das acadêmicas, na divulgação das seleções anuais, tem permitido mobilizar, preferencialmente, pessoas dos grupos-alvo como candidatas ao Programa (Tab. 3). Uma das estratégias utilizadas tem sido, de modo descentralizado, efetuar palestras sobre o Programa IFP e oficinas sobre o processo de candidatura, procurando atingir candidatos residindo em locais distantes dos centros mais cosmopolitas. Tais estratégias de divulgação do Programa IFP podem acarretar um benefício complementar: difundir a ideia da pós-graduação para pessoas fora do círculo acadêmico.

Um equívoco recorrente no debate brasileiro refere-se à compreensão (com boa ou má fé) de que programas de AA eliminariam a avaliação do mérito individual. De fato, programas de AA alteram as regras de seleção do mercado (GUIMARÃES, 1999). Como salienta Calvès (2004), estratégias de seleção de AA corrigem a sub-representação de grupos. Porém, para o provimento de postos no mercado de trabalho, ou de vagas no ensino superior e nas pós-graduação, os beneficiários são pessoas, indivíduos. E, assim sendo, processa-se também à avaliação da pessoa, seu mérito ou potencial. O pressuposto é o de que, ao mesmo tempo em que somos produto de nossas condições de origem, somos também agentes, dentro de certos limites, dos caminhos que trilhamos, especialmente quando ultrapassamos as várias barreiras educacionais. Ocorre, então, na implementação de experiências de AA, uma tensão a ser enfrentada entre justiça para o grupo e justiça para o indivíduo, preferência por pessoas que pertencem a certos grupos sub-representados, mas que, além disso, apresentam potencial ou mérito individual. A seleção das pessoas, a partir de seus méritos e potencialidades individuais, se processa, mas, agora, entre iguais do ponto de vista das condições sociais responsáveis pela desigualdade social. Portanto, não ocorre eliminação de avaliação da pessoa, mas, sim, a alteração da composição do grupo de referência.

Como estamos lidando com tensões, a resposta prática a cada uma delas se dá dentro de certos limites de erro e acerto. Exigir de programas de AA, desde o início de sua implementação, apenas respostas corretas às múltiplas tensões da vida social e educacional é tirar-nos do plano humano e situar-nos no plano do divino. Tensões, reclamações e recursos, em processos seletivos, fazem parte do jogo democrático e podem ser enfrentados, desde que o processo seja transparente e monitorado.[6]

---

[6] A incidência de recursos ou processos impetrados contra universidades que adotaram cotas para acesso ao ensino superior tem variado conforme o local e os procedimentos adotados, especialmente quanto ao esclarecimento da opinião pública (CARDOSO, 2008;

Um procedimento adequado na construção de um processo transparente é tornar públicas as estratégias de seleção adotadas (CORDEIRO, 2008). Por exemplo, desde o início, elaboramos um código de ética (divulgado no *site* do Programa) que procurou sistematizar alguns preceitos, via de regra apenas transmitidos de boca a orelha, que vêm sendo adotados no Brasil por comissões de agências de fomento à pesquisa e à pós-graduação, bem como nos processos de seleção de programas de pós-graduação. Assim, em várias dimensões de implementação no Programa IFP no Brasil, procuramos adequar as diretrizes internacionais às especificidades da AA e à cultura da pós-graduação brasileira. Essa busca, que constitui também um desafio a ser enfrentado cotidianamente, procurou fechar os flancos a uma eventual estigmatização dos bolsistas em decorrência de seus atributos adscritos, conforme destacam alguns dos argumentos contrários a AA (BRANDÃO, 2005). Por exemplo, o dossiê para candidatar-se a bolsas do Programa IFP utiliza um formulário para candidatura que contém, além dos campos relacionados às informações sobre os atributos adscritos e que dão suporte à seleção de pessoas provenientes de grupos sub-representados na pós-graduação, outros relacionados à trajetória escolar, ao *curriculum vitae*. Ademais, solicita-se ao candidato um pré-projeto de pesquisa, na medida em que a maioria, se não a totalidade, dos programas de pós-graduação *stricto sensu* exigem-no para o processo seletivo. Tais pré-projetos são avaliados por assessores *ad hoc*, doutores nas diversas áreas de especialização, que emitem parecer sobre o potencial acadêmico dos candidatos. O processo todo de seleção conta com o apoio de uma comissão composta por doutores e professores universitários brasileiros, das diferentes áreas de especialização e regiões fisiográficas, tal como operam as agências brasileiras de fomento à pesquisa e à pós-graduação.[7]

OLIVEIRA, 2008). Até a sétima seleção do Programa IFP, enfrentamos apenas um recurso em decorrência de candidatura que não obedecia às normas do edital.

[7] A última comissão de seleção foi composta pelas seguintes pessoas: Kabengele Munanga (Universidade de São Paulo), Loussia Penha Musse Félix (Universidade de Brasília), Luiz Alberto Oliveira Gonçalves (Universidade Federal de Minas Gerais), Maria das Dores de Oliveira (Universidade Federal do Alagoas), Raimundo Nonato Pereira da Silva (Universidade Federal do Amazonas), Valter Roberto Silvério (Universidade Federal de São

Portanto, nosso processo de seleção do potencial ou mérito acadêmico dos(as) bolsistas se aproxima, em muito, daqueles adotados pelas agências de fomento e programas de pós-graduação brasileiros. Poder-se-ia perguntar, então, em que esse Programa difere dos demais e por que o consideramos uma experiência de AA.

As diferenças são várias. Em primeiro lugar, porque avaliamos o potencial acadêmico, de liderança e o compromisso social dos candidatos. O Programa IFP não visa oferecer bolsa apenas aos candidatos de grupos sub-representados no ensino superior e que dispõem de melhor potencial ou mérito acadêmico, mas visa integrar as três dimensões: acadêmica, liderança e compromisso social. Nesse sentido, responde a uma outra crítica a programas de AA que assinala o viés elitista de tais experiências, que alavancariam a mobilidade social apenas das pessoas mais bem postas nos segmentos sociais focalizados (BRANDÃO, 2005). Ao selecionar candidatos comprometidos com as questões sociais e dispondo de potencial de liderança, o Programa pressupõe um retorno das novas oportunidades acadêmicas, angariadas com a pós-graduação e a bolsa, para as comunidades ou grupos dos quais os bolsistas são originários.

Em segundo lugar, ampliamos a avaliação no plano acadêmico para mérito/potencial. As condições concretas de vida e escolaridade associadas aos grupos de origem podem escamotear a manifestação de qualidades acadêmicas que teriam possibilidade de aflorar se melhores oportunidades de experiências intelectuais e acadêmicas fossem asseguradas. Com efeito, a busca ativa de talentos submersos por processos seletivos ineficientes ou iníquos vem ocorrendo em diversas universidades do mundo (SEOANE, 2006).

A bolsa IFP oferece condições para enriquecer o currículo manifesto e oculto do bolsista e apoiá-lo nas três etapas de sua trajetória: no período pré-acadêmico, quando se prepara para a seleção na pós-graduação; no período acadêmico, quando frequenta a pós-graduação; e no período pós-bolsa, quando é egresso. Ou seja, como alguns autores têm apontado, estratégias de AA não se restringem à seleção, mas devem

---

Carlos), Vania Fonseca (Universidade Tiradentes) e Zélia Amador de Deus (Universidade Federal do Pará).

também efetuar um acompanhamento dos beneficiados (CALVÈS, 2004; SEOANE, 2006).

No período pré-acadêmico, o Programa IFP provê recursos para que o(a) bolsista se fortaleça academicamente para concorrer a uma vaga na pós-graduação. O apoio se traduz em: orientação para escolher o programa de pós-graduação e para melhorar seu dossiê (pré-projeto, formatação do *curriculum vitae* e da carta de intenções, exigência de alguns programas); cursos instrumentais de redação acadêmica em Português, idioma estrangeiro e informática; verba para compra de material bibliográfico e, de grande importância, para inscrição, viagem e estada para se candidatar a até quatro programas de pós-graduação no Brasil. Tais estratégias não são originais: muitas delas se aproximam de experiências brasileiras dos cursos pré-vestibular para negros, "carentes" e egressos de escola pública (SOUZA, 2003), ou da isenção de taxas (por exemplo, da USP) para inscrição no vestibular. Talvez a novidade, aqui, seja sua articulação em elenco articulado de medidas (o que aumenta a sinergia positiva), a orientação sobre escolha de cursos mais adequados ao perfil, às possibilidades e expectativas dos candidatos (adequação entre as chances de ter sucesso na seleção e de corresponder aos anseios), bem como a possibilidade de ampliar o horizonte de escolhas pelo financiamento de viagens e estada para até quatro seleções na pós-graduação.[8] Portanto, essa fase pré-acadêmica visa ampliar o capital cultural dos bolsistas, criar condições para "voltar a estudar" (vários candidatos estavam fora da academia há bom tempo) e oferecer uma rede de relacionamentos e informações sobre a pós-graduação, rede habitualmente disponível "informalmente" para pessoas oriundas dos estratos médios e superiores de renda e escolaridade.

A importância deste período pré-acadêmico é atestada pelo alto índice de aprovação dos bolsistas na seleção a programas de pós-graduação e sua inserção nas melhores universidades brasileiras (Tab. 2). A novidade dessa preparação no Brasil, para a seleção na pós-graduação, tem me levado a sugerir que se trata de experiência a ser multiplicada,

---

[8] Haveria que se efetuar uma análise nacional sobre a "circulação geográfica" de filhos (e não de crianças) das famílias brasileiras dos estratos médios e altos, visando a seu ingresso em cursos superiores e de pós-graduação de prestígio.

dentro ou fora de programas de AA.⁹ Quem sabe as taxas de evasão seriam atenuadas se candidatos à seleção universitária recebessem orientação mais sistemática sobre a adequação de suas escolhas e pudessem viver experiências de nivelamento acadêmico antes do ingresso na pós-graduação. Com efeito, estudos sobre evasão no ensino superior brasileiro (SERPA; PINTO, 2000) evidenciam seu alto índice, especialmente no sistema privado, índice que parece ser mais expressivo entre estudantes "não-brancos", como atesta o estudo na Universidade Federal do Rio de Janeiro em 2000 (TEIXEIRA, 2003, p. 200). Ao analisar, naquela universidade, o padrão de evasão de "não-brancos", Teixeira (2003, p. 200) chama a atenção sobre o "alto percentual de cancelamento por alteração de matrícula, indicando, provavelmente, que esses cursos recebem expressivo número de estudantes que neles ingressam pretendendo, na verdade, fazer outro curso".

Nossa experiência nesses anos de implementação do Programa IFP no Brasil tem mostrado que um limite importante para opções de programas de pós-graduação provém do reduzido domínio de língua estrangeira. As restrições econômicas e educacionais nas famílias de origem, a qualidade insatisfatória ou desigual dos cursos de idioma estrangeiro, bem como aspectos da cultura brasileira são prováveis razões para que candidatos e bolsistas apresentem um déficit no domínio de idioma estrangeiro. Isso tem limitado, em muito, a possibilidade de bolsistas brasileiros estudarem no exterior, em curso completo ou em programa "sanduíche" (Tab. 2). Esse constitui um aspecto da formação pós-graduada no país que vem merecendo pouca atenção em debates e pesquisas. Como ampliar nossa presença em cenário acadêmico internacional com déficit de conhecimento em idioma estrangeiro? Como melhorar a proficiência em idioma estrangeiro nas recentes experiências de AA no ensino superior?

Apesar de reconhecer a necessidade de domínio de língua para prosseguir estudos pós-graduados de ponta, a condicionalidade desse

---

⁹ No livro *Caminos para la inclusión en la educación superior* (DÍAZ-ROMERO, 2006), encontra-se o relato de algumas parcas, mas existentes, experiências latino-americanas nesse sentido, especialmente referentes à Argentina (SEOANE, 2006) e ao Chile (GONZÁLEZ, 2006; CISTERNAS, 2006).

domínio em processos de seleção constitui barreira formidável para ingresso de negros e, particularmente, indígenas. Nesse sentido, há que se atentar para o momento em que essa avaliação ocorre: se for antes do ingresso, com certeza, restringimos a diversidade regional, socioeconômica e étnico-racial dos selecionados.

Após o ingresso em programa de pós-graduação, o(a) bolsista IFP dispõe de recursos financeiros para pagamento dos custos acadêmicos (inscrição e mensalidade), para sua manutenção, bem como de verbas complementares (à maneira da reserva técnica de algumas agências de fomento brasileiras) para: prosseguir estudo de idioma durante a vigência da bolsa, participar de eventos acadêmicos, adquirir equipamentos de informática e bibliografia pertinente ao curso. Além disso, os doutorandos dispõem de verba adicional para pesquisa de campo e pessoas com necessidades especiais se beneficiam de auxílio específico.[10] A contrapartida do contrato de bolsista é sua dedicação exclusiva à pós-graduação, residir na cidade de estudo (sabemos quantas dificuldades são enfrentadas por pós-graduandos "viajantes"), obter bons resultados acadêmicos e prestar contas dos recursos recebidos, seguindo, também de perto, a cultura nacional das agências de fomento. São exigidos relatórios periódicos que são avaliados por meio de parecer enviado ao bolsista e a seu orientador.

Além dos recursos financeiros, o acompanhamento de perto tem sido estratégia chave para o sucesso do bolsista na pós-graduação. Com certeza, trata-se de atividade intensa e delicada, que envolve um triângulo: o bolsista, seu orientador e a pessoa responsável pelo acompanhamento na Fundação Carlos Chagas. Temos vivido poucas situações de tensão nesse acompanhamento, apesar de as demandas serem intensas e cotidianas e a gestão ser complexa, pois os recursos são repassados dos EUA diretamente aos bolsistas e às universidades.

Por vezes, recebemos reclamações quanto às exigências relativas à *accountability*, que, também por vezes, são entendidas como "controle excessivo", "desconfiança" ou, ainda, "redução da autonomia" de

---

[10] Trata-se de outra questão pouco discutida na pós-graduação e nos debates sobre AA: insumos específicos e adequados (por exemplo, programas de informática ou procedimentos para pesquisa de campo) para pessoas com necessidades especiais

bolsistas. Exigências burocráticas e bancárias, bem como preconceitos explícitos ou difusos ("como um negro ou indígena recebe divisas do exterior?"), podem atravancar o cotidiano. Como os bolsistas saem, na maioria dos casos, para estudar em outra cidade, questões terra-a-terra, mas fundamentais, como moradia (a necessidade de fiador ou caução para alugar um imóvel), acesso a profissionais da saúde, sensação de isolamento, saudades de familiares ou emergências apelam por pronta resposta do acompanhamento e incitam a articulação de uma rede social.

Em seus relatórios periódicos, os(as) bolsistas relatam como vem ocorrendo a adaptação (DIAS, 2004), efetuam avaliações sobre si mesmos, sobre o Programa IFP e a pós-graduação. Trata-se de instrumento imprescindível para monitorar o processo. Praticamente não tivemos relato de estigmatização por serem beneficiários de programa de AA. Ao contrário, especialmente alguns que estudaram no exterior informam sobre o prestígio e a expectativa, de certas universidades, com relação a bolsistas da Fundação Ford (CASTRO, 2006). O mais das vezes, bolsistas se referem a uma intensa expectativa (própria e dos outros) para um desempenho excepcional na pós-graduação (SOUZA, 2007), o que pode gerar desgaste psíquico.

Além do acompanhamento cotidiano, temos procurado desenvolver estratégias para fortalecer vínculos entre bolsistas à maneira de algumas experiências relatadas no Brasil (SILVA, 2003): circulação de informação sobre oportunidades (seminários, publicações) e realizações dos bolsistas (prêmios, defesas, eventos sociais); organização de eventos coletivos (recepção a "calouros", encontros); publicação de uma circular interna – Circular IFP – contendo principalmente matérias escritas por bolsistas e ex-bolsistas sobre suas experiências e reflexões.[11]

São iniciativas que visam ampliar a experiência acadêmica dos bolsistas, enriquecer seu *curriculum vitae*, fortalecer uma rede social

---

[11] Durante esses anos foram realizados seis Encontros Brasileiros de Bolsistas IFP sobre os seguintes temas: Relações raciais e de gênero e igualdade de oportunidades; Terra, território: recursos, proteção e direitos; Direitos sociais, Educação, Participação e Mobilização: temas emergentes; Práticas culturais, comunicação e linguagens; Educação e diversidad; Família, gênero e sexualidade.

de apoio para o momento atual e para após o término da bolsa. Não sabemos objetivamente o impacto de cada estratégia complementar (além dos recursos financeiros) para a manutenção e o sucesso de bolsistas na pós-graduação. Os indicadores disponíveis são de boa qualidade no conjunto de 343 bolsas concedidas: apenas 27 bolsistas interromperam ou tiveram a bolsa interrompida; apenas dois bolsistas não conseguiram terminar os créditos; o tempo de titulação (para um contingente de 152 pessoas que defenderam teses e dissertações até dezembro de 2008) foi 26,1 meses em média no mestrado e 44,7 meses no doutorado. Porém, além desses indicadores, deve-se destacar o impacto de bolsistas IFP na diversificação do perfil socioeconômico, étnico-racial e regional no conjunto de alunos da pós-graduação, mas, especialmente, no conjunto de mestres e doutores brasileiros. Ao integrarem as três dimensões – potencial/mérito acadêmico, de liderança e compromisso social – em sua trajetória, os bolsistas tendem a levar para a pós-graduação experiências diversificadas de vida, bem como focalizam, em sua pesquisa, temáticas emergentes que correspondem, em vários casos, a preocupações centrais dos movimentos sociais aos quais se articulam.

O acompanhamento dos egressos constitui um outro componente integrado à filosofia do Programa IFP, na medida em que, como já relatado, sua meta de longo alcance é ampliar uma rede internacional de líderes oriundos de segmentos sociais "discriminados" e comprometidos com a causa da justiça social. O estabelecimento de redes de bolsistas e ex-bolsistas não é tarefa fácil, dadas as particularidades do grupo (sua dispersão geográfica, por exemplo), o tempo relativamente curto de convivência no Programa (no máximo quatro anos), a diversidade quanto às intensidade e causas de compromisso político (movimentos negro, indígena, feminista, homossexual, sem terra, ambientalista, entre outros), bem como o envolvimento com o próprio Programa IFP e a pós-graduação. Como em outras experiências brasileiras (PENHA-LOPES, 2008), tem sido possível apreender diversos tipos de motivação para candidatar-se e aceitar uma bolsa IFP, bem como de envolvimento com o Programa ou a causa da AA: "a bolsa é boa", "permite estudar no exterior", "tem uma filosofia com a qual se compartilha", "é experiência de AA", etc. Portanto, o envolvimento de bolsistas e ex-bolsistas IFP na rede nacional e internacional é variado e variável conforme, também, as contingências do momento: dedicação mais intensa à tese/dissertação, à inserção acadêmica ou laboral após o término da bolsa, à lida militante. Porém, percebemos um núcleo de ex-bolsistas envolvidos com a consolidação e institucionalização de uma rede que se consubstanciou na criação, em junho de 2008, de uma associação de egressos do Programa IFP: a Associação Brasileira de Pesquisadoras e Pesquisadores pela Justiça Social (ABRAPPS, Circular IFP, 16).

Além disso, nós, da Equipe da Fundação Carlos Chagas, estamos atentos a uma outra dimensão do pós-bolsa: a divulgação das pesquisas que sustentaram teses e dissertações. Trata-se de um acervo de conhecimentos sobre temáticas emergentes, produzido em contexto acadêmico, validado por seus pares, cujos autores provêm de segmentos sociais também sub-representados no mercado editorial. Isso nos ensejou organizar um banco de teses e dissertações (à maneira da CAPES e acessado pelo site www.programabolsa.org.br) e a publicar uma série de coletâneas temáticas – Série Justiça e Desenvolvimento IFP/FCC –, em seu sexto volume, integrando artigos de ex-bolsistas elaborados a partir de suas teses e dissertações. Para cada uma delas, convidamos um coeditor externo que, juntamente com Regina Pahim Pinto (da equipe da Fundação Carlos Chagas), participou da avaliação, seleção e edição dos artigos. Trata-se de um complemento da formação acadêmica (já que a pós-graduação não assume de ofício essa função) e uma devolução, para a sociedade mais ampla, dos eventuais benefícios dessa experiência de AA no plano do conhecimento.[12]

Realizamos, em 2008, um acompanhamento do destino dos egressos. Conforme os dados referentes a 58 egressos mestres que responderam ao questionário (Tab. 4), notamos que 36,2% ingressaram

---

[12] Até setembro de 2010 foram publicadas seis coletâneas de textos, a saber: *Educação* (GONÇALVES; PINTO, 2007); *Mobilização, participação e direitos* (DAGNINO; PINTO, 2007); *Estudos indígenas: comparações, interpretações e políticas* (ATHIAS; PINTO, 2008); *Mulheres e desigualdades de gênero* (CARVALHO; PINTO, 2008); *Ambiente complexo, propostas e perspectivas socioambientais* (MOUTINHO; PINTO, 2009); *Acesso aos direitos sociais: infância, saúde, educação, trabalho* (PINHEIRO; PINTO, 2010). Além delas, mais duas estão em preparação: *Relações raciais* (SILVÉRIO; PINTO; ROSEMBERG) e *Territorialidades* (SOUZA, prevista).

em programas de doutorado após o término da bolsa; entre ele, 57% beneficiaram-se de bolsa de estudos de outras agências e estudam em universidades públicas, especialmente nas federais (52,4%). Ou seja, a bolsa de mestrado obtida junto ao Programa IFP permitiu-lhes uma rápida passagem para o doutorado.

Tabela 4 – Atividades acadêmicas atuais de mestres egressos do Programa IFP. Brasil, 2008. Em %

Cursando doutorado	
• Mulheres	36,2
• Com bolsa	71,4
• Universidades	57,0
Federais	52,4
USP	19,0
Comunitárias	19,0
Exterior	9,5

Nota: Respostas válidas ao item = 58.
Fonte: Base de dados do Programa IFP Brasil (FCC, 2008).

Do ponto de vista laboral, das 72 respostas válidas (Tab. 5), observamos que 86,1% dos egressos estão trabalhando, principalmente em instituições de ensino superior (públicas ou privadas) e em outras instâncias governamentais. Boa parte dos egressos que estão fora do mercado de trabalho (6/10), estão cursando o doutorado com bolsa de estudos.

Tabela 5 – Atividades laborais de mestres e doutores egressos do Programa IFP. Brasil, 2008. Em %.

Exercem atividade laboral	
Homens	88,2
Mulheres	83,8
Mestres	83,6
Doutores	100,0
Total	86,1

Setores nos quais trabalham	Homens	Mulheres	Mestres	Doutores	Total
Governo	50,0	41,9	44,7	40,0	45,6
IES	34,6	35,5	31,9	50,0	35,1
ONG	7,7	19,4	14,9	10,0	14,0
Privado	7,7	3,2	6,4	-	5,3
Tota	100,0	100,0	100,0	100,0	100,0

Nota: Respostas válidas ao item = 72.
Fonte: Base de dados do Programa IFP Brasil (FCC, 2008).

Da mesma forma que Velloso (*apud* BRASIL, 2004, p. 44) observara para egressos formados(as) na pós-graduação brasileira na década de 1990, a metade dos egressos doutores do Programa IFP está atuando em instituições de ensino superior (50%), observando-se, também aqui, maior diversidade no destino laboral dos mestres (Tab. 5).

O foco privilegiado neste relato – isto é, busca e discussão de alternativas e respostas às questões enfrentadas na implementação de programas de AA – não significa a ausência ou banimento de tensões. Em artigos anteriores (ROSEMBERG, 2008; ROSEMBERG; ANDRADE, 2008), explicitamos, e procuramos encontrar pistas para compreender as tensões não resolvidas (apesar de nosso empenho) no processo de seleção: a sobrerrepresentação de mulheres e candidatos(as) à área da Educação e sub-representação de indígenas entre candidatos(as) e bolsistas. Porém, neste artigo, quisemos destacar, que, nesses curtos oito anos de experiência na implementação e acompanhamento deste programa de AA na pós-graduação brasileira, parece-nos possível afirmar que tais desafios e tensões, sem dúvida, inúmeros, podem ser enfrentados e vários deles solucionados desde que se disponha a enfrentá-los. Isto é, recusar experiências de AA por dificuldades operacionais antevistas seria recusar, de antemão, qualquer inovação na educação.

Além disso, é necessário destacar que outras condições têm nos amparado no enfrentamento de desafios e tensões: disponibilidade de recursos financeiros e humanos, previsão de continuidade da experiência, equipe integrada e com dedicação intensa (senão exclusiva), humildade para abrir-se à constante avaliação de processo, atualização de leituras e estudos, tranquilidade para que os erros não se transformem em condenação, apoio institucional e da rede social que sustenta a experiência de AA no Brasil e muita atenção às críticas, mesmo quando parecem estar pavimentando uma *via crucis*. Afinal, estamos envolvidos com a primeira geração de brasileiros(as) que vivem a experiência de ser beneficiários(as) de programas de AA na pós-graduação.

Referências

ATHIAS, R.; PINTO, R.P. (Orgs.) *Estudos indígenas: comparações, interpretações e políticas*. Série Justiça e Desenvolvimento IFP/FCC. São Paulo: Contexto, 2008, p. 13-20.

BRANDÃO, A.A (Org) *Cotas raciais no Brasil: a primeira avaliação*. Rio de Janeiro: DP&A, 2007.

BRASIL. IBGE. *Pesquisa Nacional por Amostra de Domicílio (PNAD)* – 2002. Rio de Janeiro: IBGE, 2003.

BRASIL. IBGE. *Pesquisa Nacional por Amostra de Domicílio (PNAD)* – 2005. Rio de Janeiro: IBGE, 2006.

BRANDÃO, C. F. *As cotas na universidade pública brasileira: será esse o caminho?* Campinas, SP: Autores Associados, 2005.

BRASIL. CAPES. Plano Decenal de Pós-graduação. Brasília, CAPES, 2004.

CALVÈS, G. *La discrimination positive*. Paris: PUF, 2004.

CARVALHO, M.P.; PINTO, R.P. (Orgs). *Mulheres e desigualdades de gênero*. Série Justiça e Desenvolvimento IFP/FCC. São Paulo: Contexto, 2008.

CASTRO, S.R.L. Minhas experiências no pré-acadêmico em Boston. *Circular IFP*, n.º 11, setembro 2006, p. 13.

CIRCULAR IFP, nº 16, abril 2009.

CISTERNAS, M.S. Experiencias de inclusión de estudiantes. In: DÍAZ-ROMERO, P. (Org.). *Caminos para la inclusión en la educación superior*. Serie Acción Afirmativa, v. 5, Chile: Fundación Equitas, 2006, p. 276-280.

CORDEIRO, M.J. J.A. *Negros e indígenas cotistas da Universidade Estadual de Mato Grosso do Sul: desempenho acadêmico do ingresso à conclusão de curso*. 2008. 260f. Tese (doutorado) – Pontifícia Universidade Católica de São Paulo – PUC-SP, São Paulo.

DAGNINO, E.; PINTO, R.P. (Orgs). *Mobilização, participação e direitos*. Série Justiça e Desenvolvimento IFP/FCC. São Paulo: Contexto, 2007.

DASSIN, J. Programa Internacional de Bolsas de Pós-Graduação da Fundação Ford. In: DAGNINO, E.; PINTO, R.P. (Orgs). *Mobilização, participação e direitos*. Série Justiça e Desenvolvimento IFP/FCC. São Paulo: Contexto, 2007, p. 9-12.

DIAS, L.R. Boas vindas aos/às bolsistas da Turma 2003. *Circular IFP*, n° 6, março 2004, p. 2.

DÍAZ-ROMERO, P. (Org.) *Caminos para la Inclusión en la Educación Superior*. Serie Acción Afirmativa, v. 5, Chile: Fundación Equitas, 2006.

FÉRES JÚNIOR, J. Aspectos normativos e legais das políticas de ação afirmativa. In: FÉRES JÚNIOR, J.; ZONINSEIN, J. (Orgs.) *Ação afirmativa e universidade: experiências nacionais comparadas*. Brasília: Editora Universidade de Brasília, 2006, p. 46-62.

FÉRES JUNIOR, J.; DAFLON, V.T. Ação afirmativa em perspectiva internacional: estudos e casos. In: FERES JÚNIOR, j.; OLIVEIRA, M.P. de; DAFLON, V.T. (Orgs). *Guia Bibliográfico multidisciplinar: ação afirmativa Brasil-África do Sul-Índia-EUA*. Rio de Janeiro: DP&A, 2007.

GOMES, N. L. Levantamento bibliográfico sobre relações raciais e educação: uma contribuição aos pesquisadores e pesquisadoras da área. In: MIRANDA, C.; AGUIAR, F. L. de; DI PIERRO, M.C. (Orgs*). Bibliografia básica sobre relações raciais e educação*. Rio de Janeiro: DP&A, 2004.

GONÇALVES. L.A.O.; PINTO, R.P. (Orgs.) *Educação*. Série Justiça e Desenvolvimento IFP/FCC. São Paulo: Contexto, 2007.

GONÇALVES, L.A.O.; SILVA, P. *O jogo das diferenças:* o multiculturalismo e seus contextos. Belo Horizonte: Autêntica, 2000.

GONZÁLES, M.E. Reducir desventajas: acciones afirmativas com estudiantes mapuche en la Universidad de La Frontera. In: DÍAZ-ROMERO, P. (Org.) *Caminos para la inclusión en la educación superior*. Serie Acción Afirmativa, v. 5, Chile: Fundación Equitas, 2006, p. 259-270.

LIMA, A.C.S.; BARROSO-HOFFMANN, M. (Orgs.). *Desafios para uma educação superior para os povos indígenas no Brasil*. Rio de Janeiro: LACED/Museu Nacional, 2007.

LUCIANO, G.S. *O índio brasileiro: o que você precisa saber sobre os povos indígenas no Brasil de hoje*. Brasília: Ministério da Educação, Secretaria de Educação Continuada, Alfabetização e Diversidade; LACED/Museu Nacional, 2006.

MIRANDA, C.; AGUIAR, F. L. de; DI PIERRO, M. C. (Orgs*). Bibliografia básica sobre relações raciais e educação*. Rio de Janeiro: DP&A, 2004.

MOUTINHO, P.; PINTO, R.P. (Orgs). *Ambiente complexo, propostas e perspectivas socioambientais*. Série Justiça e Desenvolvimento IFP/FCC. São Paulo: Contexto, 2009.

OLIVEIRA, I.M. O discurso do Judiciário sobre as ações afirmativas para a população negra na Bahia. In: *Anais do V Encontro Brasileiro de Bolsistas do Programa Internacional de Bolsas de Pós-Graduação da Fundação Ford* (IFP), São Paulo, 2008, p. 38-42.

PENHA-LOPES, V. Universitários cotistas: de alunos a bacharéis. In: FÉRES JÚNIOR, J.; ZONINSEIN, J. (Orgs.) *Ação afirmativa no ensino superior brasileiro.* Belo Horizonte: Ed. UFMG: 2008, p. 105-134.

PINTO, R.P. Movimento negro e educação do negro: a ênfase na identidade. *Cadernos de Pesquisa,* nº 86, ago. 1993, p. 25-38.

ROSEMBERG, F. O branco no IBGE continua branco na ação afirmativa? *Estudos Avançados,* v. 18, n.50, 2004, p.225-241.

ROSEMBERG, F. A implementação do Programa IFP no Brasil pela Fundação Carlos Chagas. In: GONÇALVES. L.A.O.; PINTO, R.P. (Orgs.) *Educação.* Série Justiça e Desenvolvimento IFP/FCC. São Paulo: Contexto, 2007.

ROSEMBERG, F. Experiências do Programa Internacional de Bolsas de Pós-graduação da Fundação Ford no Brasil. In: Jonas Zoninsein; João Feres Júnior. (Orgs.). *Ação afirmativa no ensino superior brasileiro.* Belo Horizonte: UFMG, 2008, v., p. 193-214.

ROSEMBERG, F.; ANDRADE, L. F. Ação afirmativa no ensino superior brasileiro: a tensão entre raça/etnia e gênero. *Cadernos Pagu* (UNICAMP), v. 31, p. 419-438, 2008.

ROSEMBERG, F.; ANDRADE, L. F. Indígenas no Programa Internacional de Bolsas de Pós-graduação da Fundação Ford no Brasil e os aportes do *Trilhas de Conhecimentos.* São Paulo, FCC, no prelo.

SERPA, L.F.P.; PINTO. N.MA.C. A evasão no ensino superior no Brasil. *Estudos em Avaliação Educacional,* v. 21, 2000, p. 109-145.

SILVA, C. Definições de metodologias para seleção de pessoas negras em programas de ação afirmativa em educação. In: SILVA, C. (Org.). *Ações afirmativas em educação:* experiências brasileiras. São Paulo, Summus, 2003, p. 39-62.

SILVA, C. Geração XXI: o início das ações afirmativas em educação para jovens negros(as). In: SILVA, C. (Org.). *Ações afirmativas em educação: experiências brasileiras.* São Paulo, Summus, 2003, p. 63-78.

SOUZA, S.R. O pré-vestibular para negros como instrumento de política compensatória – o caso do Rio de Janeiro. In: OLIVEIRA, I. (Org.). *Relações raciais e educação: novos desafios.* Rio de Janeiro: DP&A, 2003. p. 173-191.

SOUZA, L.S. Relatos. *Circular IFP,* nº 13, setembro 2007, p. 14.

TEIXEIRA, M.D.P. Negros egressos de uma universidade pública no Rio de Janeiro. In: OLIVEIRA, I. (Org.). *Relações raciais e educação: novos desafios.* Rio de Janeiro: DP&A, 2003, p. 193-204.

Estudos Afro-Brasileiros: africanidades e cidadania[1]

Petronilha Beatriz Gonçalves e Silva

Os Estudos Afro-Brasileiros, campo de pesquisa, de formação identitária e intelectual, de desenvolvimento de cidadania pertencem ao âmbito dos Estudos do Mundo Africano, os quais incluem divulgação e produção de conhecimentos de raiz africana, vinculados diretamente ao Continente Africano e à Diáspora, na sua diversidade de territórios e contextos.

No Brasil, os Estudos do Mundo Africano, em seu ramo Estudos Afro-Brasileiros têm tomado maior fôlego nos últimos 10 anos com a criação dos Núcleos de Estudos Afro-Brasileiros e de grupos de pesquisa que, com outras denominações, assumem como prioritários, nos processos de produzir e divulgar conhecimentos, os objetivos de combate ao racismo e a discriminações, de reconhecimento e valorização das culturas de origem africana e das histórias dos africanos do Continente e da Diáspora, o que se configura na adoção de perspectivas próprias dessas culturas e histórias. Os Estudos Afro-Brasileiros focalizam as raízes africanas e as problemáticas de vida e formação humana enfrentadas pelos negros, dialogam com conhecimentos produzidos por outras raízes

---

[1] O presente artigo apresenta resultados do projeto "Estudos Afro-Brasileiros; pesquisando e implementando conteúdos e metodologias", financiado pelo CNPq e pela UNSFC/USA e USAID, desenvolvido em colaboração com o African World Studies Institut da Fort Valley State University (FVSU), com o objetivo de elaborar Programa de Estudos Afro-Brasileiros e implementá-lo na FVSU e na UFSCar.

étnico-raciais que constituem a humanidade; não poderia ser diferente uma vez que vêm se constituindo e buscam se consolidar enquanto campo de conhecimento científico.

Estudos Afro-Brasileiros – educação e legislação

Os Estudos Afro-Brasileiros vêm se desenvolvendo na tensão, cada vez mais contundente em nosso país, entre projetos distintos de sociedade, projeto de educação nacional que visa incluir a todos, demandas próprias dos grupos sociais e étnico-raciais e legislação que, na tentativa de contemplar especificidades, peculiaridades, necessidades distintas, se vê no impasse de lidar com objetivos, propostas muitas vezes antagônicos.

Na nação brasileira, desigualdades, notadamente a étnico-racial, têm sido tacitamente aceitas e fortalecidas, ao longo dos séculos, na construção do projeto de sociedade (FERNANDES, 1978; MOURA, 1988; HENRIQUES, 2001). Assim sendo, interesses, necessidades de diferentes grupos sociais e étnico-raciais se cruzam e entrecruzam, preponderando os dos que têm poder de influir nas decisões políticas e ficando esquecidos ou sendo desqualificados os dos demais (SILVA, 2003). Esses, para ter garantias de serem contemplados, precisam das políticas públicas de Estado.

Ciente desta situação, pondera o Conselho Nacional de Educação (CNE), por meio do Parecer CNE/CP 3/2004 (p. 18), ao se manifestar com vistas à execução da Lei nº 10639/2003[2]: "precisa, o Brasil, país multiétnico e pluricultural, de organizações escolares em que todos se vejam incluídos, em que a cada um seja garantido o direito de aprender e de ampliar conhecimentos", sem ser obrigado a negar suas raízes étnico-raciais, os grupos sociais a que pertence, tampouco "a adotar costumes, ideias e comportamentos que lhe sejam adversos".

Assumindo essa perspectiva e atento às reivindicações e propostas do Movimento Negro ao longo do século XX, bem como a determinações da Lei nº 10639/2003, o CNE formulou importante política curricular cujo

---

[2] A Lei nº 10639/2003 introduziu alterações na Lei nº 9394/1996 que estabelece as Diretrizes e Bases da Educação Nacional, ao determinar a obrigatoriedade do ensino de História e cultura Afro-Brasileira na Educação Básica.

objetivo é educar para relações étnico-raciais éticas, a partir do reconhecimento e valorização da participação decisiva dos africanos e de seus descendentes na construção da nação brasileira, do respeito e divulgação de sua cultura e história. Trata-se, sem dúvidas, de política de reparação pelos sérios danos que o racismo e políticas tácitas de exclusão dos negros da sociedade brasileira vêm causando, há cinco séculos.

Políticas públicas são formuladas e implantadas com o intuito de promover aperfeiçoamentos na sociedade, garantir e proteger direitos, corrigir distorções, incentivar avanços. Em se tratando de políticas curriculares, explicitam projeto de educação que busca dar acesso a conhecimentos, incentivar, fortalecer valores, posturas e atitudes que formem cidadãos e garantam a coesão nacional. O citado Parecer CNE/CP3/2004 busca, entre outros objetivos, promover convivência, colaboração, negociação de desejos, interesses, metas, busca de objetivos comuns. Visa também oferecer apoio legal a iniciativas dos sistemas e estabelecimentos de ensino, dos professores, inclusive do Movimento Negro, em busca da formação de cidadãos que atuem nos diferentes âmbitos da vida social e política, de forma competente, comprometida e livre, sem ser obrigados a negar seu pertencimento étnico-racial.

Tanto a Lei nº10639/2003 quanto a nº Lei 114665/2008, que determina a obrigatoriedade do estudo das histórias e culturas dos povos indígenas nas escolas brasileiras, propõem novos percursos para a sociedade democrática. Exigem medidas para a superação de preconceitos contra negros e indígenas, como também contra outros marginalizados pela sociedade, entre eles, ciganos, caiçaras, carvoeiros, empobrecidos, homossexuais, idosos, deficientes. Finalmente, exigem redimensionamento de critérios para avaliar a qualidade da educação oferecida, da excelência acadêmica produzida, assim como das condições materiais, financeiras, técnicas, humanas para atingi-las. Para Silva e Silvério (2001), dos profissionais da educação, além de competência pedagógica e científica, é esperado comprometimento social, sem o que a complexa conjunção de processos de ensinar e de aprender que se confrontam nas salas de aula não pode ser deslindada, tampouco devidamente orientada a educação, enquanto um bem social que prepara para a vida cidadã.

Como se vê, políticas públicas curriculares dizem respeito à educação e não somente a processos de escolarização (SHUJAA et al., 1994).

Trata-se de, juntamente com a aquisição de conhecimentos, reeducar relações sociais, étnico-raciais, valorizar e apoiar conhecimentos, valores, ações políticas de povos oprimidos por sistemas civilizatórios tidos como superiores.

Por isso, nos termos do Parecer CNE/CP 003/2004 (p. 20-21), devem-se promover oportunidades que "ponham em comunicação diferentes sistemas simbólicos e estruturas conceituais, busquem formas de convivência respeitosa, construção de projeto de sociedade em que todos sejam encorajados a expor, defender sua especificidade étnico-racial e a buscar garantias para que ninguém deixe de fazê-lo".

Moraes (2005) e Andrade (2005), em pesquisas sobre pertencimento racial na sociedade brasileira, assinalam o quanto políticas curriculares podem orientar positiva ou negativamente a construção e fortalecimento da cidadania e das identidades. Diante disso, cabe perguntar como a legislação pode oferecer suporte para a educação. Na tentativa de resposta, tomemos posição expressa por Martin Luther King. Frisa ele a importância de a educação e a legislação suplementarem-se no combate às desigualdades, a fim de que as promessas da democracia comecem a se concretizar para os negros. Para tanto, é preciso que, por meio da educação, se busque mudar atitudes, superar e abolir preconceitos, a falta de conhecimento e de respeito mútuos, além de derrubar as barreiras de ordem moral, epistemológica, ideológica que impedem a participação cidadã. E, por meio da legislação, se tente controlar comportamentos adversos a grupos e pessoas, os efeitos de atitudes discriminatórias, preconceituosas, segregacionistas, assim como garantir condições e oportunidades equânimes de realização de pessoas e comunidades (2000 [primeira edição 1963]; 1983 [primeira edição 1958]).

Nesse sentido, é esperado que o jeito de ser, viver, pensar dos grupos humanos com suas raízes mais genuínas seja respeitado e incluído em atividades sistemáticas, da educação infantil ao ensino superior. Isso não significa que se descuide ou fragilize a aprendizagem de conhecimentos específicos das ciências, objeto central em todos os níveis de ensino. Ao contrário, a meta é completar tais aprendizagens, promovendo juntamente com o estudo das contribuições europeia-americanas para a humanidade, também das africanas, indígenas, aborígenes, ciganas, entre outras que cada realidade nacional e regional aponte.

Diferentemente do que podem temer alguns, conhecer e valorizar diferenças étnico-raciais, inclusive na produção de conhecimentos, não incentivam tensões entre os distintos grupos, ao contrário. Ruth Arber (2008, p. 12), em pesquisa com pais de alunos e professores de escolas australianas, avalia que "ignorar a materialidade da definição de raça/etnia, nas relações sociais, nas relações pedagógicas, é negar as formas como raça/etnia estrutura e faz intermediação nas atividades diárias, individuais e dos grupos".

Enegrecimento da educação

É importante desde logo esclarecer que não se trata de abolir as origens europeias da escola da qual todos somos tributários. Com o enegrecimento da educação se propõe escola em que cada um se sinta acolhido e integrante, onde as contribuições de todos os povos para humanidade estejam presentes, não como lista, sequência de dados e informações, mas como motivos e meios que conduzam ao conhecimento, compreensão, respeito recíprocos, a uma sociedade justa e solidária.

Quando se realizam pesquisas em Estudos Afro-Brasileiros no campo da Educação, particularmente no da Pedagogia, tendo em conta raízes africanas, se projeta enegrecer processos e pensamentos tanto educacionais como científicos. Enegrecer diz respeito à maneira própria como os negros se expõem ao mundo, ao o receberem em si. Por isso, enegrecer é face a face em que negros e brancos se espelham uns nos outros, comunicam-se, sem que cada um deixe de ser o que é, enquanto ser humano de origem étnico-racial própria (Silva, 1987, p. 25). No processo de enegrecer, educam-se, superando a arrogância dos que se têm como superiores e o retraimento dos que são levados a se sentir inferiorizados. É nesse sentido que, do ponto de vista do Movimento Negro, a educação de todos os cidadãos, negros e não negros tem de ser enegrecida (Silva, 1998, p. 157). É importante salientar que o enegrecer da educação para os negros significa sentirem-se apoiados, com o reconhecimento, pela sociedade, da história e cultura dos africanos e seus descendentes, a construir livremente seu pertencimento étnico-racial, a exercer com dignidade sua cidadania. Para os não negros significa se tornarem capazes de deslocar o olhar de seu próprio mundo e, dessa forma, conseguir compreender distintos modos de pensar, de ser, de viver.

Shujaa (1994) Hilliard, III (1998) Asante (1990), entre outros, referem-se a semelhante processo como africanizar ou reafricanizar a ciência, a educação. Com o primeiro termo, expressam a importância de se adotarem, para orientar a produção e a divulgação científica, pensamentos e procedimentos oriundos de valores e princípios africanos. Com o segundo, sublinham o gesto ético de reconhecer os conhecimentos retirados da sabedoria africana, assimilados pela ciência ocidental, sem que se tenha tido o cuidado de citar as fontes (JAMES, 1972; RODNEY, 1982; BERNAL, 1999; VERCOUTER, s.d.).

Cabe insistir não se tratar de leviana rejeição a pensamentos alheios ao mundo africano, tampouco de mera mudança de pontos de vista ou de referências teóricas usualmente empregados, mas de premência por nova mentalidade, imprescindível para que se compreendam ou expliquem processos educativos vivenciados pelos negros. O propósito é romper com significados produzidos em perspectivas eurocêntricas e que têm sido adversos a africanos e afrodescendentes, por instigá-los a se submeter a interesses e pensamentos que se pretendem universais. O esforço para enegrecer a educação e, por conseguinte, a sociedade visa reverter os efeitos da homogeneização promovida pelos colonizadores de territórios e de mentes que tentaram reduzir a constructos europeus, conforme ensina Rodney (1982), os jeitos de ser, viver, pensar dos povos por eles colonizados. Em diferentes épocas e circunstâncias, por meio de tentativas de extermínio "dos outros", fizeram, os colonizadores europeus, a descoberta da diversidade humana, de suas manifestações peculiares. Embora silenciem sobre o quanto estes contatos de exploração, de opressão deram condições para a propulsão do progresso de suas civilizações, as contribuições dos colonizados, dos escravizados, para tanto, são inegáveis (ORTIZ, 1993, 1ª ed. 1942; MUGABANE, 2007, entre outros).

Colonizadores e colonizados viveram, e nós, hoje, cidadãos em sociedades multiculturais, profundamente experienciamos o que Depestre (1998, p. 11-12) designa interfecundação das culturas, "alquimia das trocas, fusão dos contatos entre civilizações". Segundo ele, as relações entre pessoas, grupos sociais e étnico-raciais têm interfecundado sentidos e valores, criando-lhes novas conotações (DEPESTRE, 1998). Não dá para esquecer que esse foi e é um processo doloroso para os colonizados, uma vez que a dominação dos que se têm como superiores, destacadamente por meio dos sistemas de educação, tem omitido conhecimentos sobre eles próprios, oprimidos, e seu mundo, com o intuito de desenraizá-los e de cultivar mentalidades escravizadas. Tem-lhes sido ensinado que não tiveram história antes da chegada dos europeus, cuja missão foi a de civilizá-los. Isso, uma realidade durante os regimes de escravidão, o do *apartheid* na África do Sul, ainda persiste em diferentes circunstâncias, entre africanos, tanto do continente como da diáspora (MZAMANE, 1990; MUGABANE, 2007; MOORE, 2008).

Com o propósito, nem sempre atingido, de convencer os negros de que possuem uma inteligência estranha, contrária à razão, o colonizador arquitetou males físicos, infelicidades, sofrimentos que geraram, nas palavras de Césaire (citado por DEPESTRE, 1998, p. 29) "uma espécie de dificuldade de ser, um sistema de frustrações culturais que tornaram mais complexas suas lutas por libertação". É lamentável ter de assinalar que entre nós, no Brasil, a depreciação da intelectualidade dos negros ainda vigora, o que gera sentimentos, posturas, atitudes racistas, discriminatórias e consequentemente muito sofrimento.

Os propósitos e ações no sentido de enfraquecer as identidades dos negros têm alcançado êxito, uma vez que, conforme avalia Cheick Anta Diop (1960, p. 5), a história da África negra vem sendo escrita, na maior parte das vezes, sem que se busque "a chave que abre a porta da inteligência e da compreensão da sociedade africana". Ele chama a atenção para a importância de o mundo africano ser estudado, desvendado na perspectiva dos africanos e afrodescendentes que, embora situados em contextos geopolíticos distintos, compartilham raízes históricas e culturais de matriz ancestral comum (DIOP, 1960).

Assim como Diop (1963, 1996), Forde (1976, 1ª ed. 1954), Ki-Zerbo (2003), Maiga (2007, p. 157-189); Moore (2008) põem em evidência a profunda unidade cultural que sobrevive, malgrado a aparência de heterogeneidade entre recriações das raízes africanas, não só na diáspora, como também em África onde, nos dias de hoje, conforme Traoré (2002), os efeitos de um mundo globalizado, as pressões de um novo colonialismo pauperizam nações e povos. Cabe sublinhar que a diáspora, que não é monolítica, tampouco unívoca, no entender de Mkandawire (2005, p. 7-9), é a maior fonte de conhecimentos sobre a África.

Como é sabido, as culturas são inseparáveis das formas de viver das comunidades, dos povos. No seu seio se produzem e recriam *ethos* e visões de mundo (P'BITEK, 1986). O *ethos* representa a herança comum, as experiências e os laços afetivos que permitem a identificação de pertencimento a um tronco comum. A visão de mundo se constitui na maneira como as pessoas imprimem sentido à vida e ao universo. *Ethos* e a visões de mundo de africanos, impulsionados pela força da ancestralidade, estenderam e estendem o mundo africano da África às Américas, ao Caribe, à Europa, Ásia e Austrália (ANI, 2004).

Ancestralidade é compreensão, compartilhada pelas diferentes fontes de sabedoria africana, que provêm do sentimento, do entendimento, da fé de que a morte física não produz aniquilamento, fim. Assim sendo, os que nasceram viverão para sempre no seio da comunidade onde viveram. Os ancestrais continuam a fazer parte das comunidades africanas, situem-se essas no continente ou na diáspora (SOUZA JR, 2005). Fazem parte do mundo africano aqueles que têm suas raízes fecundadas por visão de mundo, pelo *ethos* da raiz ancestral africana comum (ANI, 2004). Os ancestrais movem os afrodescendentes a se perceberem africanos. Todos nós, negros, que sabemos e reconhecemos descender de ancestrais nascidos na África, somos africanos, pois os ancestrais nos mantêm vinculados a esse território físico e simbólico.

Diante dessas considerações, conclui-se que estudar História e Cultura Afro-Brasileira e Africana para os negros significa aprofundar no conhecimento próprio; para os não negros, implica dialogar com visões de mundo e *ethos* distintos, tão valiosos quanto os de que são originários, a fim de que se venha a construir, em colaboração, a sociedade justa e democrática a que aspiramos. Promover o estudo da história e cultura dos africanos e dos afrodescendentes é participar com eles de resistência à opressão, descobrir permanências da herança espiritual, material, intelectual de um povo diverso (SHUJAA; SILVA, 2005).

Estudar História e Cultura Afro-Brasileira e Africana é também um gesto político, questionador de paradigmas eurocêntricos que costumeiramente marginalizam, desqualificam, negam as contribuições dos africanos para a humanidade. Estudar história e cultura de povos africanos exige dos professores e estudantes, negros e não negros, aprender a identificar, criticar, desconstruir distorções, omissões, avaliações baseadas em preconceitos, construir novas significações. Dizendo de outra forma, professores e alunos, para se educarem em relações étnico-raciais éticas, são instados a se engajar em processo de desconstrução, reconstrução e construção de conhecimentos, no qual a ênfase é dada a conceitos e compreensões teórico-práticas, sendo rejeitadas apresentações fragmentadas de episódios, dados e informações descontextualizados (SHUJAA; SILVA, 2005).

Esse é um caminho na direção do que Torres Santomé (2008, p. 57) designa como educação "democrática, não exclusiva, antimarginalização" que é planejada e desenvolvida sobre "a revisão e reconstrução do conhecimento de todos e de cada um dos grupos e culturas do mundo."

Os Estudos Afro-Brasileiros enegrecem a educação, a Pedagogia e as outras ciências. Princípios para conduzir processos de investigar, de aprender e de ensinar, podem buscar referências, por exemplo, na "Black Education", que aponta entre outros: expansão das compreensões sobre o que seja o humano, na sua diversidade; a excelência de aprendizagens para o exercício do poder de participar das decisões da sociedade, da nação; apoio e manutenção da consciência histórico--cultural africana, inclusive com o estudo de uma língua africana; resistência à dominação, à despossessão étnico-cultural e histórica (KING, 2005, p. 20-21). Devem buscar referências no Parecer CNE/CP 3/2004, que indica: "a consciência política e histórica da diversidade; o fortalecimento de identidades e de direitos; ações educativas de combate ao racismo".

Estudos Afro-Brasileiros – algumas compreensões-chave

Tomando como orientadores os princípios anteriormente citados, bem como resultados de experiências educativo-pedagógicas tanto escolares, como promovidas pelo Movimento Negro e estudos sobre educação das relações étnico-raciais, a seguir se apresentam compreensões-chave para os Estudos Afro-Brasileiros.

Em primeiro lugar, convém abordar o significado de *educação*. Para africanos e afro-descendentes, educação é o processo por meio do qual os adultos, os mais experientes provêm a transmissão, entre gerações, de conhecimentos, valores, crenças, tradições, costumes, rituais e de sensibilidade para compreender as razões de tudo o que dever ser mantido, superado, recriado. Por meio da educação, aprendemos a determinar o que é de nosso interesse de povo negro, distinguir nossos interesses dos de outros, reconhecer quando nossos interesses são consistentes ou inconsistentes ao lado dos de outros. A educação nos prepara para aceitar o apoio e liderança, enraizados na cultura e na história, da geração que nos precede, a fim de que venhamos a nos realizar e a fortificar nossa comunidade, além de nos preparar para apoiar a formação da geração que seguirá a nossa (SHUJAA, 1994, p. 10).

Educar-se, para africanos do continente e da diáspora, antes de mais nada é fruto das experiências vividas no seio da comunidade negra, no convívio e trocas entre gerações em que se fazem aprendizagens para *tornar-se pessoa*, para *conduzir a própria vida* (TEDLA, 1995; MAIGA, 1998; SILVA, 1996, 2003).

Conduz a própria vida quem se dispõe a aprender, o que lhe exige uma atitude de profunda atenção e respeito. Respeito atencioso dos mais jovens para com os mais velhos, dos menos experientes para com os mais experientes. Aprender demanda concentração, trabalho, esforço para interpretar dados e situações, enfrentar dificuldades, resolver problemas, planejar empreendimentos. Para aprender, é necessário que alguém mais experiente, em geral mais velho, disponha-se a demonstrar, a acompanhar a realização de tarefas, sem interferir, a aprovar o resultado ou a exigir que seja repetida a tarefa (SILVA, 1987, 1996, 2003).

Segundo Dzobo (1992), na tradição dos Akans, o conhecimento é fruto de inferências, ideias derivadas da experiência vivida para tornar-se pessoa cada vez mais humana. Os conhecimentos expressos em afirmações e proposições, bem como a verdade atingida pela espiritualidade são chave para se viver em plenitude e satisfação. A *capacidade de compreender* faz parte da natureza humana, por isso há que se estar sempre intelectualmente alerta para captar as coisas e seus significados. Ser humano implica "conhecer e compreender coisas, fatos, relações e, sobretudo, as ideias fundamentais e o princípio da vida".

A sociedade africana tradicional nunca é cética quando se trata da capacidade humana de conhecer. Confia-se firmemente que todas as pessoas podem e devem produzir conhecimentos. Não se pergunta se somos capazes de conhecer, a questão central é: Como formamos conhecimentos? (Dzobo, 1992, p. 74).

Dzobo (1992, p. 74-77) aponta, entre os Akans, povo do noroeste da África, diferentes possibilidades de se conhecer. Uma delas, é olhando, observando, anotando na mente o que se expõe diante dos olhos. Entende-se que o resultado de uma observação é conhecimento do que esteve na mira dos olhos e dos outros sentidos. Aprende-se, pois, observando a realidade exterior.

Conhecer, então, significa descobrir, ter a experiência, acolher o desconhecido, deslocar-se em direção do mundo e através do mundo. Observa-se o mundo do qual se é uma parte, e os fenômenos que ali ocorrem, por meio dos sentidos, e depois se organiza o observado em ideias. Dessa forma o conhecimento é o produto de um processo intelectual que se inicia pelos sentidos (p. 75).

Há conhecimentos que são passados por meio da técnica boca-ouvido. Há outros que se adquirem por meio de reflexões. Há aqueles a que se tem acesso por meio da educação escolar; nesse caso os conhecimentos vêm dos livros e, muitas vezes, são estranhos, divorciados da realidade dos que querem elaborar seus conhecimentos. Finalmente, formam-se conhecimentos quando se adquirem possibilidades de compreensão das coisas, das relações, das situações, quando se forma sabedoria capaz de produzir conhecimento que leve à liberdade (Dzobo, p. 78).

Alguns negros brasileiros, homens e mulheres, trabalhadores rurais apontaram que suas experiências, no transcorrer do dia a dia, em distintos espaços e tempos, são fonte, situação, resultado, projeto de educação. *Fonte*, isto é, ponto de onde procede o interesse pelo que está ao redor, gesto que leva a encontrar outras pessoas, a se defrontar com as alegrias e agruras do mundo, a buscar ou a aceitar um modo de ser ou de estar na sociedade. *Situação*, no sentido de que reúne as vivências passadas da comunidade e de cada pessoa, assim como as circunstâncias presentes, criando o ânimo com que cada um se dá a conhecer. *Resultado* de trocas intersubjetivas, em que, ao se receberem significações elaboradas pelos mais antigos, incluídos os antepassados, ao longo da história vivida pela comunidade, criam-se novas significações. *Projeto*, uma vez cada experiência remete a novas, em diferentes direções, e de cuja construção todos e cada um participam (SILVA, 1987).

É assim que, por meio da educação, construímos, no seio de nossa família, da comunidade negra, a *visão de mundo* que no correr da vida ajuda a decifrar linguagens, modos de viver, situações, paisagens, a dar rumo ao próprio destino, a fortalecer a comunidade, enfim a elaborar sempre renovadas significações e direções, originadas no convívio com outros negros. Isso permite dialogar solidamente com não negros. Uma visão de mundo se constitui de significações intima e organicamente relacionadas que dão sentido às experiências humanas (ANI, 2004, p. 147). A visão de mundo se refere à maneira como as pessoas se dispõem, organizam informações e condutas, a fim de conhecer o ambiente em vivem, a sociedade em que se situam e de expressar suas descobertas.

Por exemplo, os Akans, diz Abraham (1995, p. 44-46), não se veem no mundo, percebem-se parte do mundo. E é nessa perspectiva que pensam muito sobre o mundo, numa atitude que flexiona, num único gesto, ideias e corpo humano em relações com as coisas da natureza.

A visão de mundo dos africanos, tanto do continente como da diáspora, sustenta-se e impulsiona entre a alegria de viver e o dilaceramento de ter o direito à vida cidadã negado; corre do passado antes da escravidão, da atrocidade de haver sido relegado de humano a semovente ou a objeto, ao presente de marginalizado pela sociedade, tende para um futuro de libertação, de realização, em sociedade multirracial e pluricultural, enquanto pessoas negras de raízes africanas (SILVA, 1991).

A visão de mundo de africanos, nas mais diversas e adversas circunstâncias, desde há cinco séculos, vem sendo apoiada em *valores de refúgio*, ou seja, em valores que sobreviveram à opressão da escravidão, da colonização, do racismo, assim como em valores construídos nessas circunstâncias, se constituem em possibilidades de proteção, segurança, afirmação, fundamento para viver, pensar, construir (MEMMI, 1973; SILVA, 2003). Vem sendo impulsionada por sofrimentos, resistência, desejo de justiça. Nas suas diferentes conotações que convergem para a unidade comum promovida pela ancestralidade, suas visões de mundo foram e vão traçando as *Africanidades*.

Africanidades são manifestações histórico-culturais diretamente vinculadas à visão de mundo enraizada em culturas africanas, incluídas as sobrevivências na Diáspora (WALKER, 2003). Constituem-se no seio da humanidade de africanos e de afrodescendentes, no esforço que fazem para manter o pertencimento étnico-racial, historicamente definido. São fortemente marcadas por intercâmbios que majoritariamente tentam desqualificar a inteligência, saberes, capacidades dos negros. Contêm conhecimentos, significações que foram iniciados no Continente do período pré-colonial, dolorosamente acrescidos durante a travessia dos escravizados, no constrangimento de seres humanos reduzidos à condição de "peças d'África", relidos na transferência de pensamentos e de tecnologias africanas para territórios não africanos, refeitos nas lutas por libertação, no combate ao racismo, na desconstrução das tentativas de embranquecimento de corpos e mentes. As africanidades tomam renovada consistência nas organizações político-culturais do Movimento Negro, na sobrevivência dos remanescentes de quilombos, enfim na recriação do Mundo Africano na diáspora.

As Africanidades Brasileiras ultrapassam dados ou eventos materiais que guardam a memória da matriz primeira, a ancestralidade garante sua vinculação ao mundo africano, às tradições da África. Elas vêm sendo elaboradas desde que os africanos escravizados, com sua força moral, intelectual e física contribuíram para construção da nação brasileira.

Eles e seus descendentes têm deixado, nos outros grupos étnico-raciais com quem conviveram e convivem, influências; ao mesmo tempo em que recebem e incorporam as daqueles. Diante disso, estudar Africanidades Brasileiras significa tomar conhecimento, observar, analisar um jeito peculiar de ver a vida, o mundo, o trabalho, de conviver e de lutar pela dignidade própria, bem como pela de todos descendentes de africanos, mais ainda de todos os que a sociedade marginaliza. Significa também conhecer e compreender os trabalhos e criatividade dos africanos e de seus descendentes no Brasil, e de situar tais produções na construção da nação brasileira (SILVA, 2009).

As Africanidades fortalecem e dão rumo à *consciência negra*, que situa os negros no seu pertencimento étnico-racial e lhes dá a energia para lutar contra desigualdades e opressões, exigindo reconhecimento de sua história e cultura. A consciência negra, segundo Silva (2005), exige esforço para se desalienar, para deixar de pensar pela cabeça dos outros que nos têm explorado e oprimido. Exige esforço para construir, a partir de nossa história em seus diferentes contextos no continente africano e na diáspora, nossa libertação.

É preciso trabalhar para a restauração de nossa memória comum; esse é um ato revolucionário de libertação que exige a decisão de querer ser Africano, de ser negro. É uma resposta ao terror e à opressão, uma decisão sobre pertencimento étnico-racial e compromisso com nossa família global (HILLIARD III, 2003, p. 18-19).

A consciência negra reverencia os ancestrais (AFRIK, 2003, p. 33), conecta autoconhecimento com conhecimento do mundo e dos outros, se expressa em ação, requer atuação ética ao tratar com, ao intervir em, ou ao investigar contextos históricos, sociais e políticos em que os negros têm lutado, construído, contribuído com suas experiências para a humanidade (NKRUMAH, 1970, p. 93).

Oliveira da Silveira, em seu *Poema sobre Palmares*, a seu modo de poeta, nos diz que a nossa consciência negra emerge, *renasce da seiva sangrenta da história*. Sua obra, ao lado das de Jônatas Conceição da Silva (2005), Flávio Gomes (2005), Edison Carneiro (1935), Décio Freitas (1973), Péret (1956) e Beatriz Nascimento (2007), nos instiga a conhecer, estudar, para aprofundar nossa consciência negra, a elaboração do "ser no mundo" de quilombolas dos remanescentes de quilombos, representações da população negra sobre quilombos, buscar registros históricos nas memórias deixadas pelos antepassados de diferentes formas de aquilombar-se. As descobertas que fizermos poderão trazer significativos aportes para a realização de Estudos Afro-Brasileiros, para educação das relações étnico-raciais, para a formação da cidadania de todos os brasileiros. Os quilombos, sejam comunidades rurais ou urbanas, sejam outros territórios negros, como os terreiros de Santo, irmandades, escolas de samba, grupos do hip-hop, os grupos culturais e políticos negros, são lugares de Africanidades brasileiras, as mais genuínas.

À guisa de conclusão, cabe insistir que se desenvolvem Estudos Afro-Brasileiros com o objetivo de ampliação de aportes teóricos das ciências, buscando enraizá-las também na perspectiva do Mundo Africano, a fim de formar investigadores, cidadãos comprometidos com o direito à diferença e com a igualdade de direitos.

Referências

ABRAHAM, W. Emmanuel. A Paradigm of African Society. In: KWAME, Safro, (Org.). *Readings in African Philosophie*. Boston: University Press of America, 1995. p. 39-65.

ANI, M. *Let the circle Be Unbroken: the implications of African spirituality in the diaspora*. New York: Nkonimfo, 2004.

ANDRADE, Paulo Sérgio de. *Pertencimento étnico-racial e Ensino de História*. São Carlos: UFSCar, 2006. Originalmente apresentada como Dissertação de Mestrado, Universidade Federal de São Carlos, 2006.

ARBER, Ruth. *Race, ethnicity and education in globalised times*. Melbourne: Springer, 2008.

BERNAL, Martin. Black Athena; the roots of classical civilization. 9. reimpressão. New Brunswick, New Jersey: Rutgers University Press,1999.

CARNEIRO, Edson. (1935). *O Quilombo de Palmares*. 3. ed. Rio de Janeiro: Civilização brasileira, 1966.

ASANTE, Molefi. *Kemet, afrocentricity and knowledge*. Trenton-New Jersey: African World Press, 1990.

DEPESTRE, René. *Le métier à métisser*. Paris, Stock, 1998.

DIOP, Cheikh Anta. *L'Afrique Noire Pré-Coloniale; étude comaprée des systèmes politiques et sociaux de l'Europe et de l'Afrique Noire, de Antiquité à la fomation des états modernes*. Paris, Présence Africaine, 1960. Chicago, The third world press, 1963.

DIOP, Cheikh Anta. *Towards the african Renaissance: essayes in culture and development*. London: Karnak House, 1996.

DZOBO, N. K. Knowledge and truth: Ewe and Akan conceptions. In: WIREDU, Kwasi & KWAME, Gyekye. *Person and community*. P aris, UNESCO, The council for Research in Values and Philosophy, 1992. p. 73-83

FERNANDES, Florestan. *A Integração do Negro na Sociedade de Classes*. São Paulo: Ática, 1978.

FORDE, Daryll et al. *African Worlds ; studies in the cosmological ideas and social values of African peoples*. (8ª reimpressão).Plymouth: International African Insitute/ Oxford University Press, 1976. (1. ed. 1954).

FREITAS, Décio. *Palmares: a Guerra dos Escravos*. Porto Alegre: Movimento, 1973.

HENRIQUES, Ricardo. *Desigualdade Racial no Brasil*. Brasília: IPEA, 2001.

HILLIARD III, Asa G. SBA: *The Reawakening of African Mind*. Gainesville,Florida, Makare, 1998.

KING, Joyce E. A Declaration of Intelectual independence for human freedom. In: KING, Joyce E. (Org.). *Black Education; a transformative research and action agenda for the new mcentury.* Washington: American Educational Research Association; London: Laurence Erbaulm, 2005. p. 19-44.

KI-ZERBO. *À quand l'Afrique?* S.L. Ed. Aube, Ed.d'em Bas, 2003.

JAMES, George G. M. *The Stolen Legacy.* London: The African Publication Society, 1972.

MAIGA, Hassimi Oumarou. La *contribution socioculturelle du peuple Songhoy en Afrique.* Alger: Maghreb Press Edition, 2007.

MAIGA, Hassimi Oumarou. *Our African Heritage.* 2. ed. Gao, Mali, Bureau d'Etudes et dês Recherches Association Appliqué pour le Dévelopement d'Afrique, Murehm Books, 1998.

MEMMI, Albert. *Portrait du Colonisé.* Paris, Payot, 1973.

MKANDAWIRE, Thandika. Introduction. In: MKANDAWIRE, Thandika (Org.). *African intellectuals; rethinking politics, language, gender and development.. Dakar, council for the development of social Science Research in Africa*; London: Zed Books, 2005. p. 1-9.

MOORE, Carlos. *A África que incomoda; sobre a problematização do legado africano no quotidiano brasileiro.* Belo Horizonte: Nandyala, 2008.

MORAES, Regina Helena. *Nos meandros do processo de formação da identidade profissional do professor negro.* São Carlos: UFSCar, 2006. Originalmente apresentada como Dissertação de Mestrado, Universidade Federal de São Carlos, 2006.

MOURA, Clóvis. *A Sociologia do Negro no Brasil.* São Paulo: Ática, 1988.

MUGABANE, BERNARD M. *Race and the construction of the dispensable other.* Pretoria, University of South Africa Press, 2007.

NASCIMENTO, Beatriz. O conceito de quilombo e a resistência cultural negra. In: RATTS, Alex. *Eu sou atlântica; sobre a trajetória de vida de Beatriz Nascimento.* São Paulo: Instituto Kuanza/Imprensa Oficial, 2007. p. 117,125.

NKRUMAH, Kwame. *Consciencism; philosophy and ideology for decolonization.* New York: Monthly Rewie Press, 1970.

ORTIZ, Fernando. (1942). El mútuo descubrimiento de dos mundos. In: ORTIZ, Fernando. *Etnia y Sociedad.* La Habana: Ed. Ciências Sociales, 1993.

P'BITEK, O. *Artist, the Ruler; Essays on Art, Culture and Values.* Nairobi: East Afrikan educational Publisher, 1986.

PÉRET, Benjamin. (1956). *O Quilombo de Palmares.* Porto Alegre: Ed. UFRGS, 2002.

RODNEY, Walter. *How Europe undreveloped Africa.* Washingthon: Howard University Press, 1982.

SILVA, Jônatas conceição da. *Vozes Quilombolas; uma poética brasileira.* Salvador: EDUFBA, 2005.

SILVA, Petronilha B. G. e. Projeto Nacional de Educação na Perspectiva dos Negros Brasileiros. In: BRASIL. Conselho Nacional de Educação. *Conferências do Fórum Brasil de Educação.* Brasília, CNE, UNESCO, 2004. p. 385-395.

SILVA, Petronilha B. G. A palavra é... africanidades. *Presença Pedagógica*. Belo Horizonte, v. 15, n. 86, p. 42-47, mar./abr., 2009.

SILVA, Petronilha B. G. *Educação e Identidade dos Negros Trabalhadores Rurais do Limoeiro*. Porto Alegre, PPGE/UFRGS, 1987. (Tese de doutoramento).

SILVA, Petronilha B. G. Formação da Identidade e socialização. In: TRIUMPHO, Vera R. S. *Rio Grande do Sul; aspectos da negritude*. Porto Alegre: Martins Livreiro, 1991).

SILVA, Petronilha B. G. *O Pensamento Negro em Educação de Raízes Africanas*; contribuições para formação de professores. São Carlos, Núcleo de Estudos Afro-Brasileiros/UFSCar, 1996. (Relatório de Pesquisa).

SILVA, Petronilha B. G. Aprender a conduzir a própria vida: dimensões do educar-se entre afrodescendentes e africanos. In: BARBOSA, Lúcia de A. *et al*. (Orgs.). *De Preto a Afrodescendente; trajetos de pesquisa sobre relações étnico-raciais no Brasil*. São Carlos: EDUFSCar, 2003. p. 181-197.

SILVA, Petronilha B. G.; SILVÉRIO, Valter R. Direitos humanos e Questão Racial; anotações para reconstrução da excelência acadêmica. In: Norma Felicidade. (Org.). *Caminhos da cidadania: percurso universitário em prol dos Direitos Humanos*. São Carlos: EDUFSCar, 2001. p. 51-63.

SHUJAA, Mwalimu J. (Org.). *Too Much Schooling, Too Little Education*. Trenton, New Jersey, Africa World Press, 1994.

SHUJAA, Mwalimu J. & SILVA, Petronilha B. G. e. *Teaching Afro-Brazilian Culture and History; research report*. Fort Valley (USA), Fort Valley State University; São Carlos, Universidade Federal de São Carlos, 2005.

SOUZA Jr, Vilso C. Roda o balaio na porta da igreja, minha filha, que o santo é de candomblé. In: In: BARBOSA, Lúcia de A. et al. org. *De Preto a Afrodescendente; trajetos de pesquisa sobre relações étnico-raciais no Brasil*. São Carlos: EDUFSCar, 2003. p. 261-276.

TEDLA, Eleny. *Sankofa; African Thought and Education*. New York: Peter Lang, 1995.

TORRES SANTOMÈ, Jurjo. *Multiculturalismo ainti-racista*. Porto: Profedições, 2008.

TRAORÉ, Aminata. *Le Viol de l'Imaginaire*. Bamako: Actes Sud, 2002.

VERCOUTER, Jean. *À la Recherche de l'"Egipte Oubliée*. Paris: Gallimard, s.d.

WALKER, Sheyla. *Africans in Diaspora in the Americas*, 2004. (video).

WALTER, Rodney; HARDING, Vincent. *How Europe underdeveloped Africa*. Howard University Press, 1981.

PARTE 2
**Perspectivas pedagógicas
e estéticas: raça, processos,
educação e pesquisa**

PARTE II
perspectivas pedagógicas
e estéticas: raça, processos,
ciberarte e pesquisa

Diversidade étnico-racial e trajetórias docentes: um estudo etnográfico em escolas públicas

Nilma Lino Gomes
Fernanda Silva de Oliveira
Kelly Cristina Cândida de Souza

Muito se tem discutido sobre os processos de formação continuada de professores, porém, pouco se reflete sobre os processos formativos que tenham como objetivo a diversidade étnico-racial. Quais são as experiências existentes e que têm sido indagadas do ponto de vista da investigação científica? As experiências de formação continuada existentes e que caminham na perspectiva da diversidade têm conseguido alterar as práticas pedagógicas? E quem são os docentes que participam desses processos formadores voltados para a diversidade étnico-racial? Essas são algumas indagações que orientaram a pesquisa apresentada e discutida no presente artigo.

No ano de 2003, no Brasil, foi sancionada a Lei nº 10.639/03 (BRASIL, 2005) que tornou obrigatório o ensino de história da África e das culturas afro-brasileiras e indígenas nas escolas públicas e privadas da educação básica.[1] Essa lei, uma reivindicação do Movimento Negro e uma resposta do Estado às pressões históricas desse movimento social, encontra-se em processo de consolidação e tornou-se um desafio para os educadores/as brasileiros.

---

[1] Essa Lei sofreu alteração em 2008 e passou a incluir a história e cultura indígena. A sua numeração foi alterada para Lei nº 11.645/08. Para ser coerente com o contexto histórico da pesquisa e com o enfoque étnico-racial nela presente, o artigo manterá a numeração original. Essa numeração tem sido mantida, inclusive, pelo Ministério da Educação ao implementar ações específicas voltadas para a diversidade étnico-racial na educação escolar brasileira.

É nesse contexto que se insere a pesquisa "Formando professores(as) da educação básica para a diversidade – 1ª e 2ª fases". Partindo de uma experiência concreta de formação continuada de professores da educação básica para a diversidade étnico-racial, realizou-se uma pesquisa etnográfica, nos anos de 2004 e 2005 (a qual teve continuidade nos anos de 2006 a 2009, porém, com novos enfoques) com oito docentes negros/as e brancos/as, com a idade entre 25 e 58 anos, oriundos de escolas públicas da cidade de Belo Horizonte e região metropolitana, no estado de Minas Gerais, a saber: *Escola Federal Fernando Pessoa*: Roberta (Biologia, professora branca, 26 anos); Maria (Português, professora negra, 27 anos) e Pedro (Educação Física, professor branco, 58 anos). *Escola Municipal Chica da Silva*: Vera (Pedagogia, professora negra, 41 anos) e Joana (Pedagogia, professora negra, 53 anos). *Escola Municipal Chiquinha Gonzaga*: Sara (Educação Física, professora negra, 49 anos). *Escola Estadual Cartola*: Paulo (Matemática, professor negro, 35 anos). *Escola Estadual Clementina de Jesus*: Íris (História, professora negra, 42 anos). Duas gerações de docentes marcados por aspectos comuns e divergentes nas suas trajetórias de vida e escolar no que se refere ao trato da questão étnico-racial.[2]

Os/as docentes selecionados participaram voluntariamente de duas propostas de extensão universitária voltadas para a formação continuada de professores/as na perspectiva da diversidade étnico-racial[3]: "Identidades e Corporeidades Negras – Oficinas Culturais" e Curso de "Aperfeiçoamento em História da África e Culturas Afro-Brasileiras". Ambas as experiências fazem parte das atividades do Programa de Ensino, Pesquisa e Extensão Ações Afirmativas na UFMG, uma proposta que visa à realização de estudos, pesquisas e debates sobre a questão racial no Brasil e o fortalecimento acadêmico de alunos e alunas negras matriculados em diferentes cursos de graduação dessa universidade.

---

[2] Algumas reflexões presentes nesse artigo foram apresentadas no encontro da American Educacional Research Association (AERA), Nova York, 2008 e também estão contidas de forma mais aprofundada em GOMES *et al.*, 2006.

[3] Por diversidade étnico-racial entende-se a discussão e o estudo sobre a diversidade cultural de forma mais ampla, dando destaque à ascendência africana no Brasil e à participação social, cultural, histórica e política dos negros brasileiros na construção da nossa sociedade.

Os objetivos principais da investigação foram: analisar os percursos biográficos e escolares dos docentes e a sua relação com a diversidade étnico-racial; refletir se esses profissionais podem ser considerados mais abertos ou não ao trato da diversidade étnico-racial; compreender se os processos de formação continuada por eles vivenciados contribuíram para a construção de uma prática pedagógica que valorize a questão racial na escola e conhecer as práticas pedagógicas por eles desenvolvidas em sala de aula.[4]

O primeiro campo da pesquisa intitulado "Projeto de Extensão Identidades e Corporeidades Negras – Oficinas Culturais –" realizou-se nos anos de 2003 a 2004 e consistiu de uma série de oficinas e seminários temáticos. A discussão e o aprofundamento das questões em torno da representação do negro em diversos gêneros dos discursos literário, midiático e acadêmico, destacando as questões que envolvem a história e a trajetória dos negros no Brasil foram os objetivos principais dessa iniciativa. No ano de 2003 esse projeto contemplou somente professores/as da Educação Básica da rede Municipal de Ensino de Belo Horizonte. No ano de 2004, em resposta a uma demanda de formação da Escola Federal Fernando Pessoa, a experiência passou a incorporar docentes dessa escola e da rede estadual de ensino, totalizando 30 integrantes.

A avaliação, avanços e limites do projeto de extensão "Identidades e Corporeidades Negras – Oficinas Culturais" levaram a equipe do Programa Ações Afirmativas na UFMG a uma redefinição e ampliação do trabalho com a formação continuada de professores na perspectiva da diversidade. Assim, nos anos de 2005 e 2006, o projeto de extensão foi transformado no Curso de "Aperfeiçoamento em História da África e Culturas Afro-Brasileiras". Esse curso incorporou professores da Educação Básica das redes municipal, estadual, federal e particular de ensino, assim como gestores e pedagogos, com carga horária de 180 horas e um total de 50 participantes.[5]

---

[4] A pesquisa teve continuidade nos anos seguintes, incorporando duas novas fases. No ano de 2010, ela se encontra na 5ª fase intitulada: "Escolas Públicas Abertas à diversidade étnico-racial: do empenho pessoal ao coletivo de educadores(as)", com apoio de bolsistas PIBIC/CNPq, PROBIC/FAPEMIG e PIBIC/CNPq/Ações Afirmativas.

[5] A realização do curso contou com recursos do Programa UNIAFRO I/MEC/SECAD/SESU. Esse mesmo curso recebeu novas edições nos anos seguintes a partir da aprovação nos editais UNIAFRO II e III. As novas turmas contaram com a parceria das Secretarias Municipais de Educação de Ribeirão das Neves, Juatuba e Betim, assim como da Secretaria Estadual de Educação de Minas Gerais.

Caminhos metodológicos percorridos

A antropologia interpretativa (GEERTZ, 1989) e alguns estudos sobre negro e educação no Brasil (GONÇALVES; SILVA, 1988; OLIVEIRA, 1992; PINTO, 1994; GOMES, 1995, 2000, 2002, 2006; SILVA, 1995; SILVA, 2001; SANTANA, 2003; MUNANGA, 2003, 2005; ROSEMBERG, 2006) foram as principais abordagens teóricas que orientaram a realização da investigação.

Como propõe Geertz (1989), a etnografia não é somente uma técnica ou uma coleta de dados. Ela diz respeito a uma postura epistemológica estabelecida entre o investigador e o sujeito da pesquisa que possibilita a compreensão e a interpretação dos significados culturais construídos pelos homens e mulheres no interior da cultura. Quanto mais a etnografia conseguir interpretar os significados culturais de um grupo, mais ela se aproxima de uma descrição densa. São justamente o comportamento, os significados atribuídos e as formas de agir relacionadas ao trato da diversidade étnico-racial que buscamos interpretar na investigação realizada. Para tal, partimos do estudo dos percursos biográficos e escolares dos/as docentes entrevistados/as, refletindo sobre a sua influência na configuração de um perfil profissional sensível à questão racial na escola.

Em uma perspectiva antropológica, a observação participante consistiu no principal eixo metodológico do trabalho. Por meio dessa, foi possível acompanhar o cotidiano dos sujeitos nos projetos de extensão e nas escolas onde atuam.

O primeiro momento do trabalho de campo consistiu no acompanhamento do cotidiano do projeto de extensão Identidades e Corporeidades Negras, selecionando, dentro desse, quatro professores e professoras, negros e brancos (um integrante do ano de 2003 e três do ano de 2004) para serem acompanhados e entrevistados. O segundo momento realizou-se por meio do acompanhamento do Curso de Aperfeiçoamento em História da África e das Culturas Afro-Brasileiras, nos anos de 2005 e 2006, selecionando nesse contexto quatro docentes negros/as.

Foram selecionados os/as docentes que, no decorrer das oficinas culturais e do curso de aperfeiçoamento, se mostraram mais receptíveis à discussão sobre a diversidade étnico-racial e, no decorrer dessas experiências, narraram suas ações pedagógicas voltadas para essa questão na sala de aula e se mostraram instigados diante do tema.

A história de vida foi o procedimento metodológico privilegiado a fim de colher os depoimentos e relatos dos/as entrevistados/as. Para a realização do trabalho, foram seguidos os seguintes procedimentos éticos: anonimato dos professores, professoras e instituições de ensino mediante a escolha de pseudônimos, assinatura do termo de consentimento dos entrevistados e da direção das escolas para a publicação do trabalho e das imagens.

Trabalhamos com relatos orais temáticos e relatos orais de vida coletados por meio de entrevistas semiestruturadas devidamente gravadas e transcritas. A intenção foi reconstruir, por meio da narrativa dos docentes, as lembranças referentes aos seus percursos de vida, experiências individuais e coletivas e processos formadores relacionados com a diversidade étnico-racial.

Ao trabalhar com histórias de vida, tentou-se compreender como os professores/as negros/as e brancos/as envolvidos pensam a questão racial no Brasil nos seus próprios termos. Uma questão complexa que, de acordo com as pesquisas acadêmicas e dados oficiais (HENRIQUES, 2001), realiza-se historicamente no contexto do racismo e da desigualdade racial. Esse mesmo contexto é responsável pela produção de um imaginário social e racial peculiar capaz de invisibilizar os efeitos do racismo através da crença no mito da democracia racial.

Diversidade étnico-racial e a formação de professores(as)

A formação continuada

Apesar da propalada miscigenação racial e da constatação dos censos demográficos da existência de 45% de negros (pretos e pardos) na composição da população brasileira, a discussão a respeito das origens africanas, da presença da cultura negra na conformação do país, da atualidade das condições de vida, saúde, educação e emprego dos afro-brasileiros ainda não é incorporada de maneira oficial e sistemática nos currículos escolares da educação básica e dos cursos superiores. Mesmo após a sanção da Lei nº 10.639/03 e a publicação das suas respectivas diretrizes curriculares nacionais (BRASIL, 2004) esse quadro ainda não foi alterado de forma satisfatória. Embora estejamos no momento de formulação de pesquisas que avaliem os impactos dessa legislação nas escolas e nas universidades, os fóruns de educadores, congressos, seminários e a produção bibliográfica existentes denunciam essa situação.

Segundo Munanga (2005), os educadores e as educadoras brasileiros não receberam na sua educação e formação de cidadãos, de professores/as e educadores/as o necessário preparo para lidar com o desafio da problemática da convivência com a diversidade. Os resultados e as manifestações de discriminação resultantes dessa situação colocam o nosso discurso em prol de uma escola democrática quotidianamente em xeque e indagam a nossa postura profissional.

Essa falta de preparo compromete, sem dúvida, o trabalho de formação humana pelo qual os/as educadores/as são responsáveis. A presença e a representação positiva das diferenças nos diversos espaços e setores sociais ainda são um direito a ser efetivado no Brasil, apesar de esse ter como característica principal o fato de ser uma sociedade pluriétnica e multirracial.

Diante de tais lacunas, os/as professores/as entrevistados/as relataram a importância dos projetos de extensão supracitados como iniciativas eficazes para ajudá-los a mudar a sua percepção sobre a questão da diversidade étnico-racial e do racismo no Brasil e na educação. Indicaram que iniciativas como essas deveriam ocorrer em outros espaços educativos e incorporar outros docentes.

Segundo os/as docentes, a formação continuada proporcionou a troca de experiências bem sucedidas sobre a temática das relações raciais o que resultou, em alguns casos, na transposição didática dessas experiências para suas práticas educativas. Alguns docentes disseram de uma mudança no modo de olhar, de sentir o "outro", ou seja, seus alunos e alunas.

A formação continuada ainda proporcionou a alguns docentes o desenvolvimento de certas estratégias pedagógicas como registro escrito de suas práticas e a reflexão acerca de suas posturas frente aos alunos. Segundo os/as professores/as entrevistados/as, a inserção em projetos e cursos de formação continuada e a participação em debates e seminários com enfoque nos conteúdos da Lei nº 10.639/03 podem ser consideradas como percursos formadores que vêm somar e contribuir para a ampliação, e até mesmo a mudança da sua visão de mundo, atenção e sensibilidade diante da diversidade étnico-racial.

Atualmente, vários projetos e experiências de cursos de atualização, aperfeiçoamento e especialização na perspectiva da Lei nº 10.639/03 têm sido desenvolvidos. No entanto, faltam trabalhos que tenham como objetivo conhecer como (e se) essas ações têm interferido na mudança das práticas pedagógicas e se essas têm possibilitado uma interpretação mais crítica dos docentes diante da questão racial na sociedade e na escola e produzido subjetividades inconformistas diante da questão racial, do racismo, do preconceito e da discriminação racial entre os docentes e alunos. Subjetividades essas que poderão desencadear sujeitos e práticas mais democráticas (SANTOS, 1996).

As escolas e as ações pedagógicas realizadas

Apesar de apresentarem pontos comuns próprios às instituições escolares brasileiras, cada escola observada nessa pesquisa revelou uma cultura e uma organização interna diferenciadas. A questão racial é tratada de forma distinta de acordo com o tipo de escola e rede de ensino à qual pertence.

A Escola Municipal Chica da Silva destacou-se dentre as demais na realização de um trabalho pedagógico com a questão racial. Nessa escola, existem vários trabalhos de arte, oficinas, dramatizações com enfoque racial levados à frente por alguns docentes e com apoio da direção. Ainda nessa mesma escola, notamos que a temática racial está presente no Projeto Político Pedagógico, constituindo-se um dos seus cinco eixos norteadores, diferentemente da escola federal e das escolas estaduais investigadas. Porém, mesmo apresentando um nível de abertura à questão racial e congregar um grupo de professores/as que promovem essa discussão, esta ainda é realizada de forma desarticulada entre o corpo docente e, por isso, muitas vezes, as ações não têm continuidade.

Na Escola Federal Fernando Pessoa, a discussão sobre a questão racial se faz presente, mas de forma pouco sistemática. Ela fica à mercê, muitas vezes, do acúmulo de trabalho do professor e das mudanças de foco do trabalho da coordenação pedagógica, pois não se configurou como um projeto pedagógico da equipe docente.

Na Escola Estadual Clementina de Jesus e na Escola Estadual Cartola, o tema é levado à frente de forma isolada pelos/as docentes entrevistados/as e sem o apoio dos demais profissionais da escola e da gestão.

De um modo geral, não encontramos em nenhuma das escolas observadas, a presença de um coletivo de professores/as completamente articulado e engajado na luta pela visibilidade e pelo trato pedagógico afirmativo da questão racial e dos princípios da Lei nº 10.639/03, do parecer CNE/CP 03/2004, da resolução CNE/CP 01/2004 e suas respectivas diretrizes curriculares nacionais. Na maior parte do tempo, notou-se a realização de ações isoladas, individualizadas ou de pequenos grupos, mas não houve uma discussão pedagógica que envolvesse o coletivo de educadores e educadoras como um todo. Tampouco essa questão era colocada como uma das ações pedagógicas centrais dessas escolas, mesmo que essas apresentassem uma quantidade significativa de crianças, adolescentes e jovens negros.

Mas, como dito anteriormente, alguns trabalhos voltados para a temática racial aconteceram nas escolas. Esses, na sua maioria, contavam com a participação do grupo de professores/as negros/as entrevistados/as. De acordo com os depoimentos, algumas dessas ações foram influenciadas pela participação desses docentes nos projetos de formação continuada anteriormente citados. São elas: atividades ligadas ao Dia Nacional da Consciência Negra, inserção da temática racial em uma Mostra de Cultura, exposição de trabalhos da Escola Municipal Chica da Silva na II Mostra de Literatura Afro-Brasileira promovida pela Secretaria Municipal de Educação de Belo Horizonte, a releitura do filme "Vista a minha pele" do diretor de cinema Joel Zito Araújo, a realização de um trabalho pedagógico sobre o continente africano no qual os estudantes utilizaram vários filmes que abordavam a questão étnico-racial e realização de oficinas organizadas pelos profissionais da escola. Cabe destacar, ainda, a organização de um seminário sobre a diversidade étnico-racial, sob a liderança de um dos professores entrevistados, que também ocupava um cargo administrativo na secretaria do município à época. Para esse evento, foram convidados vários professores e professoras que ministraram aulas no curso de aperfeiçoamento anteriormente citado.

As ações supracitadas por si só revelam que, apesar dos limites e dificuldades, o processo de formação continuada para a diversidade étnico-racial atuou como um elemento propulsor de mudança de postura dos professores/as que dele fizeram parte. Porém, essa mudança não atingiu a escola como um todo e nem todos os ex-integrantes dos processos de formação continuada aqui discutidos. A formação adquiriu significado especial para aqueles docentes que, com níveis diferenciados, já chegaram aos cursos de extensão e aperfeiçoamento ou os procuraram porque se sentiam instigados a realizar um trabalho significativo com a questão racial na sua prática pedagógica ou já realizavam trabalhos esporádicos e desejavam aprofundar seus conhecimentos.

Talvez esse seja um dos dilemas encontrados na implementação da Lei nº 10.639/03 e suas diretrizes. Ela é uma Lei nacional (Lei nº 9394/96 – Lei de Diretrizes e Bases da Educação Nacional) e, enquanto tal, os seus princípios não dizem respeito somente aos professores "sensíveis" ao tema, mas a todos os docentes da educação básica. Como fazê-la enraizar? Como desconstruir lógicas e imaginários pedagógicos que ainda insistem em reduzir o debate sobre a questão étnico-racial no Brasil ao compromisso político dos militantes e/ou insistem em interpretá-la como uma discussão que diz respeito somente aos negros? Como formar na perspectiva da diversidade aqueles que vivem em uma sociedade e uma escola que – apesar do discurso – na prática ainda negam o direito à diferença? São indagações que a pesquisa nos trouxe e que também acompanham outros estudos sobre a educação e as relações étnico-raciais na escola.

Mas em que momentos e em que espaços educativos formais os professores entrevistados construíram esse perfil profissional mais aberto à diversidade étnico-racial? Lamentavelmente, essa postura não foi construída nos processos de formação inicial (ensino superior) pelos quais passaram. Ela teve origem nas mais diversas experiências e vivências pessoais, políticas e profissionais, tais como: a relação familiar, a orientação religiosa de membros da família, a experiência de "ser considerado diferente" e de "se ver diferente" na escola e na sociedade, a tomada de posição diante do preconceito racial vivido pelos filhos, o contato político com a militância negra, a participação em seminários e palestras e processos de formação continuada, após se tornarem professores/as da rede pública de ensino.

Temporalidades humanas, questão racial e trajetórias dos/as docentes entrevistados/as

Qual o lugar da questão racial nas trajetórias escolares e nos percursos biográficos dos professores e professoras entrevistados? Quais os significados construídos sobre negro e sua cultura na história de vida desses docentes? Como veem a implementação da Lei nº 10.639/03? Essas são algumas indagações que orientaram as entrevistas realizadas.

Um aspecto recorrente na trajetória escolar dos entrevistados foi a importância dada à família. As recordações do ambiente familiar e da presença ou não de situações de preconceito racial e discriminação fazem parte da história de vida de todos os/as professores/as. A família aparece como instituição de referência que tanto pode levar à construção de uma postura antirracista, como do silenciamento ou da introjeção do preconceito racial.

A relação entre a infância e a questão racial não foi um momento marcante na lembrança dos/as entrevistados/as. Nessa fase, poucos apresentaram lembranças significativas de alguma situação ou discussão na família ou na escola sobre o preconceito ou discriminação racial, assim como de experiências positivas sobre o tema.

A adolescência e a juventude revelaram-se como momentos de mudança. Alguns docentes (brancos) recordaram-se de contatos pontuais com colegas negros. Um deles, inclusive, chegou a narrar situações de preconceito racial vivido no interior da sua própria família. Alguns professores/as (negros) falaram das vivências duras da pobreza associada ao racismo. Esse último aspecto se fez presente no grupo de amigos, no trabalho, no casamento inter-racial e na escola. Mas, ao mesmo tempo, esses mesmos docentes narraram os processos de afirmação identitária e superação do racismo pelos quais passaram no seu percurso biográfico.

A vida adulta apresentou-se como o momento de desafio profissional e, para alguns, tomada de postura política na luta antirracista. A forma como cada um, negros e brancos, se posiciona, atualmente, é variada. Para alguns a compreensão do racismo e dos seus efeitos contribuiu para a sua formação como profissionais mais reflexivos diante das diferenças. Outros transformaram essa reflexão em práticas pedagógicas significativas, mesmo que pontuais.

Ao analisarmos as trajetórias escolares na educação básica, um tipo de ausência parece ter acompanhado todos os/as entrevistados/as: a quase total inexistência de professoras e professores negros. Além disso, do ponto de vista do currículo escolar, a questão racial aparece somente nas aulas de História, relacionada à escravidão e reforçando estereótipos. Essa situação já foi apontada pelas pesquisas desenvolvidas por Gonçalves e Silva (1988), Gonçalves (1985), Gomes (1995), Silva (2001) e Santana (2001).

Mesmo os/as professores/as negros/as que moravam em comunidades negras e de periferia viveram a contradição de não ter a presença negra como professor ou professora e também não viram a questão racial ser discutida de forma positiva no currículo da escola. No caso dos professores brancos entrevistados, a ausência de negros como professores/as também foi apontada como um ponto comum e a presença de colegas e amigos negros não foi tão significativa, embora tenham manifestado que essa relação também fez parte, de forma menos intensa, da sua convivência social.

Embora reconheçamos que tais docentes façam parte de duas gerações adultas, pois se encontram na faixa etária entre 20 a 50 anos, cabe indagar se, atualmente, essa situação apresenta mudanças e quais são elas. Para isso, precisamos realizar investigações com as novas gerações de docentes em tempos da Lei nº 10.639/03. Apesar de a pesquisa ter sido realizada nos primeiros anos de implementação dessa legislação, contamos hoje, em 2010, com sete anos de sua existência. Várias ações desencadeadas pelo Ministério da Educação, Núcleos de Estudos Afro-Brasileiros, universidades e algumas secretarias estaduais e municipais de educação já estão em curso.[6] Importa saber quais são os impactos e

---

[6] No ano de 2009, o Ministério da Educação (MEC), por meio da Secretaria de Educação Continuada, Alfabetização e Diversidade (SECAD) e a Representação da UNESCO no Brasil, estabeleceram uma parceria para a realização da pesquisa "Práticas Pedagógicas de Trabalho com Relações Étnico-Raciais na Escola na Perspectiva da Lei nº 10.639/03", coordenada pelo Programa Ações Afirmativas na UFMG. Essa pesquisa tem como objetivo mapear e analisar práticas pedagógicas de educação das relações étnico-raciais desenvolvidas pelas escolas das redes públicas de acordo com a Lei nº 10.639/03 a fim de subsidiar a definição de políticas públicas. A pesquisa contou com a participação dos Núcleos de Estudos Afro-Brasileiros da UFPR, UFMG, UFMT, UFPA, UFRPE, UFBA e seus resultados se tornarão públicos ainda em 2010.

alterações proporcionados por essas iniciativas às práticas e subjetividades docentes.

Segundo os docentes, a sua formação na licenciatura, nas mais diversas áreas, não incorporou nenhum trabalho voltado para o trato positivo da questão racial. Quando perguntados sobre a inserção da temática racial durante a sua formação inicial foi unânime a resposta da ausência de discussões e diálogos sobre o tema.

Ao analisar as respostas dos docentes, podemos concluir que os percursos biográficos pesaram mais do que os escolares no seu processo de educação para a diversidade, mesmo que às vezes esse aprendizado tenha sido realizado de forma muito dura.

Cabe ressaltar, ainda, o quanto a educação brasileira apresenta um processo lento e resistente de incorporação do direito à diferença, o qual vem sendo conquistado pelos negros/as e outros grupos sociais com histórico de exclusão social em outros espaços políticos e jurídicos. A despeito de todas as conquistas da categoria docente ao longo dos últimos vinte anos, é no mínimo intrigante pensar que todos os/as entrevistados/as, sem exceção, narraram as mesmas lacunas no que se refere ao trato da diversidade étnico-racial ao longo da sua formação na Educação Básica e no curso superior.

Quando indagados sobre quais seriam as necessidades básicas de formação para o professor/a trabalhar a questão racial no cotidiano escolar, os/as entrevistados/as destacaram a necessidade de inserção dessa questão na formação inicial e continuada. Alguns chegaram até mesmo a apresentar sugestões. Outros também apontaram a necessidade da inserção dos docentes em outros espaços sociais e políticos que tematizam a questão do negro no Brasil. A importância de uma formação que extrapole o espaço educativo formal apresentou-se como um caminho necessário para a construção de uma postura pessoal e profissional mais aberta à diversidade.

Palavras finais

Podemos dizer que os/as entrevistados/as revelaram-se profissionais abertos ao trato da questão racial na escola, com intensidades diferentes. Essa abertura pode ser entendida como: um repensar sobre os processos de discriminação racial na escola e na sociedade brasileira, a leitura crítica sobre o trato dado à questão do negro na instituição escolar, o reconhecimento dos próprios avanços e limites pedagógicos na construção de práticas alternativas, as tentativas individuais e coletivas de realização de um trabalho positivo sobre a história da África e a cultura afro-brasileira no espaço escolar.

Diante das tentativas de mudança e do reconhecimento da necessidade de uma outra postura profissional e pedagógica, alguns docentes se mostraram mais inseguros do que outros. Geralmente, a insegurança era demonstrada pelos professores e professoras que tomaram maior conhecimento da seriedade da questão racial no Brasil após a participação na experiência de extensão aqui mencionada e que revelaram um percurso biográfico marcado por uma inserção social, cultural e política mais restrita. Aqueles que circularam em espaços sociais nos quais a discussão política (movimento negro e outros movimentos sociais) e teórica sobre o negro, sua cultura e seus processos de lutas (seminários e cursos) revelaram-se mais atentos e mais desafiadosà mudança.

A necessidade da implementação, de fato, da Lei nº 10.639/03, do parecer CNE/CP 03/2004 e da resolução CNE/CP 01/2004 e suas respectivas diretrizes curriculares nacionais foi um ponto de convergência positivo nas opiniões e declarações dos sujeitos no decorrer das entrevistas. Alguns docentes destacaram a legislação como a garantia de que a diversidade étnico-racial será abordada em sala de aula, outros a apontaram como um direito por meio do qual as injustiças cometidas historicamente à população negra poderão ser reparadas.

A despeito do pouco tempo de existência da Lei, a pesquisa aponta para a sua dificuldade de enraizamento na prática escolar. As trajetórias escolares dos docentes entrevistados/as já nos mostraram o quanto o ambiente educacional brasileiro, apesar dos avanços, ainda se apresenta pouco aberto à inclusão da discussão da diversidade étnico-racial na sua ação pedagógica. Há, também, a dificuldade e/ou resistência de se compreender o trato pedagógico da questão racial como um direito dos/as alunos/as e da comunidade.

Como já foi dito no início deste texto, a Lei nº 10.639/03 é fruto das pressões do Movimento Negro brasileiro sobre a escola e o Estado. Esse mesmo movimento há muito tem realizado ações educativas formais e não formais voltadas para o trato positivo da questão racial e produzido novos saberes, porém, sem o devido reconhecimento e aceitação. Nesse sentido, o Movimento Negro e demais adeptos da luta antirracista passaram a intervir no Estado e na legislação educacional, incorporando o trato pedagógico da questão racial como um direito do aluno e um dever da escola. Essa intervenção tem encontrado parcerias importantes e um dos seus resultados foi a aprovação do Plano Nacional das Diretrizes Curriculares Nacionais para a Educação das Relações Étnico-Raciais e para o Ensino de História e Cultura Afro-Brasileira e Africana (BRASIL, 2009).

Porém, para que esse direito se efetive, será necessário extrapolar a "letra da lei", pois a existência dessa legislação, desvinculada de um processo formador dos diversos sujeitos responsáveis pela condução do trabalho pedagógico, poderá torná-la menos efetiva. Esse processo envolve mais alguns elementos: vontade política, financiamento, acompanhamento, avaliação e monitoramento das ações. Nesse caso, os gestores dos sistemas de ensino, das escolas da educação básica e das universidades também são responsáveis pela implementação da Lei e, caso não o façam, deverão ser cobrados pela comunidade, pelos movimentos sociais, pelo Ministério Público e pelo próprio Ministério da Educação. Esses são mais alguns desafios que a implementação da legislação está a enfrentar no presente momento.

As vivências, as dificuldades, as tentativas, os avanços e as reflexões presentes nas narrativas dos professores e das professoras entrevistados revelam que todos/as reconhecem a importância da Lei nº 10.639/03 e da diversidade étnico-racial no cotidiano da escola e tentam de alguma maneira realizar atividades que contemplem essa discussão, mas nem todos/as conseguem inseri-la de forma sistemática na sua prática pedagógica. Além disso, com exceção de uma, as escolas pesquisadas ainda resistem a eleger o reconhecimento e o respeito à diversidade étnico-racial como eixos centrais da sua ação pedagógica. Consequentemente, como nos diz Vieira (1999), não os empregam como matéria-prima no seu fazer pedagógico. No entanto, temos que reconhecer que, ao serem comparados com vários docentes que atuam, hoje, na educação básica e que se mostram fechados a essa discussão, os/as profissionais entrevistados/as revelam um perfil mais avançado. Mas ainda existe muito trabalho a fazer.

O diálogo com a diferença e a eleição desta como ponto central do trabalho pedagógico são considerados por Vieira (1995; 1999) como características de uma "pedagogia intercultural". Considerando essa concepção do autor e indo mais além na tentativa de contextualizá-la à realidade brasileira, poderíamos dizer que o nosso desafio é construir uma "pedagogia da diversidade" que considere a questão étnico-racial como um dos seus elementos centrais dada a sua forte presença na construção histórica, social, cultural, política e identitária da nossa sociedade. Esse caminho é trilhado com mais desenvoltura por quatro dos oito professores entrevistados. Caminho esse que a formação de professores/as, como um todo, deveria seguir.

Referências

BRASIL. *Plano Nacional das Diretrizes Curriculares Nacionais para a Educação das Relações Étnico-Raciais e para o Ensino de História e Cultura Afro-Brasileira e Africana*, Brasília: SECAD; SEPPIR, jun. 2009.

BRASIL. *Diretrizes curriculares nacionais para a educação das relações étnico-raciais e para o ensino da História afro-brasileira e africana*. Brasília: SECAD/ME, 2004.

BRASIL. Lei n.º 10.639, de 09 jan. 2003. In: *Diretrizes Curriculares Nacionais para a Educação das Relações Étnico-Raciais e para o Ensino de História e Cultura Afro-Brasileira e Africana*. Brasília, MEC, 2005.

GEERTZ, Clifford. *A interpretação das culturas*. Rio de Janeiro: 1989. 323p.

GOMES, Nilma Lino et al. *Identidades e corporeidades negras. Reflexões sobre uma experiência de formação de professores(as) para a diversidade étnico-racial*. Belo Horizonte: Autêntica, 2006.

GOMES, Nilma Lino. *A mulher negra que vi de perto; o processo de construção da identidade racial de professoras negras*. Belo Horizonte: Mazza Edições, 1995.

GOMES, Nilma Lino. Educação e relações raciais: refletindo sobre algumas estratégias de atuação. In: MUNANGA, K. (Org.). *Superando o racismo na escola*: MEC/SEF, 2000.

GOMES, Nilma Lino; SILVA, P. B. G. O desafio da diversidade. In: GOMES, Nilma Lino; SILVA, Petronilha Beatriz Gonçalves. (Orgs.). *Experiências étnico-culturais para a formação de professores*. Belo Horizonte: Autêntica, 2002, v., p. 13-33.

GONÇALVES, Luiz Alberto Oliveira. *O silêncio: um ritual pedagógico a favor da discriminação racial*, Belo Horizonte: Faculdade de Educação da UFMG, 1985. (Dissertação, Mestrado em Educação).

GONÇALVES E SILVA, Petronilha Beatriz. *Cultura negra e experiências educativas*. In: MELO, R.I.C. de, COELHO, R.C.F. (Orgs.). Educação e discriminação dos negros. Belo Horizonte: MEC/Instituto de Recursos Humanos João Pinheiro, p.101-109, 1988.

HENRIQUES, Ricardo. *Desigualdade racial no Brasil: evolução das condições de vida na década de 90*. Rio de Janeiro: IPEA, 2001.

MUNANGA, Kabengele. *Superando o racismo na escola*. Brasília: MEC/SEF, 2005.

MUNANGA, Kabengele. Algumas considerações sobre a diversidade e identidade negra no Brasil. In: RAMOS, Marise Nogueira *et al.* (Orgs.). *Diversidade na educação: reflexões e experiências*. Brasília: Secretaria da Educação Média e Tecnológica, 2003, v., p. 35-49.

OLIVEIRA, Raquel. *Relações raciais na escola*. São Paulo: PUC/SP, 1992 (Dissertação, Mestrado em Psicologia Social).

PINTO, Regina Pahim. *Movimento negro em São Paulo: luta e identidade*. 1994. Tese (Doutorado em Antropologia Social) – Faculdade de Filosofia, Letras e Ciências Humanas, Universidade de São Paulo, São Paulo, 1994.

ROSEMBERG, Fúlvia. Estatísticas educacionais e cor/raça na educação infantil e ensino fundamental: um balanço. Estudos em Avaliação Educacional, São Paulo, v. 17, n. 33, p. 15-42, 2006.

SANTANA, Patrícia Maria de Souza. *Professores(as) negros(as) e relações raciais: percursos de formação e de transformação*. Dissertação (Mestrado em Educação). Belo Horizonte: Faculdade de Educação, UFMG, 2003.

SANTANA, Patrícia Maria de Souza. Rompendo as barreiras do silêncio: projetos pedagógicos discutem relações raciais em escolas municipais de Belo Horizonte. In: GONÇALVES E SILVA, Petronilha Beatriz; PINTO, Regina Pahim. *Negro e educação: presença do negro no sistema educacional brasileiro*. São Paulo: Anped/ Ação Educativa, 2001.

SANTOS, Boaventura de Sousa. Por uma pedagogia do conflito. In: SILVA, Luiz Heron *et al.* (Orgs.). *Novos mapas culturais, novas perspectivas educacionais*. Porto Alegre: Sulina, 1996. p. 15-33.

SILVA, Ana Célia da. *A discriminação do negro no livro didático*. Salvador: CEAO, CED, 1995.

SILVA, Ana. Célia da. *Desconstruindo a discriminação do negro no livro didático*. Salvador: EDUFBA, 2001. v. 1.

SILVA, Maria Aparecida (Cidinha) da. Formação de educadores para o combate ao racismo: mais uma tarefa essencial. In: CAVALLEIRO, Eliane (Org.). *Racismo e anti-racismo na Educação: Repensando nossa escola*. São Paulo: Summus, 2001.

VIEIRA, Ricardo. Mentalidades, escola e pedagogia intercultural. *Educação, sociedade e culturas,* Oieiras, n. 04, p. 127-147, 1995.

VIEIRA, Ricardo. *História de Vida e Identidades Professores e Interculturalidade*. Porto: Edições Afrontamento, 1999, 397 páginas. (Biblioteca das Ciências do Homem).

A criança negra, uma criança e negra

Anete Abramowicz
Fabiana de Oliveira
Tatiane Cosentino Rodrigues

Contextualizando a pesquisa

A partir de uma síntese das pesquisas elaboradas e publicadas sobre a criança negra, apresentamos neste artigo uma proposta de classificação do estágio atual de desenvolvimento dessas pesquisas no Brasil, apresentando uma possibilidade teórica de pensar essa produção a partir de duas categorias.

Denominamos *a criança negra* como aquela que, de certa forma, faz parte da *primeira fase* das pesquisas realizadas sobre esse tema e denominamos *uma criança e negra* como uma proposta de *segunda fase* das pesquisas. A criança negra corresponde a um momento da pesquisa sobre raça que denunciava o racismo existente na escola, na sociedade e que estava expresso nos indicadores econômicos e educacionais de todos os níveis de ensino. As pesquisas dessa primeira fase demonstraram que raça é uma categoria explicativa e, desse modo, não deriva de nenhuma outra instância, seja ela econômica, por exemplo, que a determine. Ou seja, trabalhar no interior da temática da diferença é um esforço teórico de tornar compossível pensar raça, gênero, classe social, sem derivá-las em uma instância determinante. No entanto, trabalhar no interior da temática raça traz o problema recorrente do essencialismo que torna "natural" e "inato" algo histórico, cultural e social. São algumas questões que atravessam as pesquisas sobre diferença que procuraremos discutir ao pensar a infância.

O uso do artigo *a*, dessa primeira fase, refere-se à ideia de que as crianças negras, de maneira geral, nas pesquisas foram pensadas de maneira universal como todas as crianças negras.

Pudemos observar, de maneira em relação a essa primeira fase, que os trabalhos aqui citados neste estado da arte tornaram visível a dimensão racial, já que a temática estava "nem oculta e nem visível". Os trabalhos, ao visibilizarem tal dimensão, explicitam a perspectiva que denominamos de denuncista e indicativa. Indicam processos racistas e, ao fazê-lo, de certa maneira, os denunciam. Parte significativa dos trabalhos e pesquisas em educação foi desenvolvida com o intuito de mostrar e ao mesmo tempo tirar do silenciamento as práticas escolares racistas, que não são poucas; há uma mecânica racista que funciona em toda a engrenagem escolar.

Há um trabalho que indicamos como estando na fronteira entre a primeira e a segunda fase das pesquisas sobre criança negra que pretendemos destacar, pois de alguma maneira ele se encontra na passagem da criança negra para uma criança e negra.

O trabalho foi realizado em uma creche por uma pesquisadora negra, Fabiana de Oliveira, na sala do berçário, e descrevia a forma de tratamento das educadoras dos bebês negros. A dissertação apontava a diferença de tratamento aos bebês: quando a criança era negra, ficava pouquíssimo tempo no colo das professoras, diferentemente da criança branca e, ao mesmo tempo, ocorria uma forma pejorativa de tratamento dada a essas crianças; cada criança negra era acompanhada de algum apelido. Essa dissertação, em sua primeira parte, vai ao encontro das inúmeras pesquisas que vêm sendo realizadas neste caráter que chamaremos de denúncia, ou faz parte do esforço que vem sendo realizado no sentido de tornar essa temática alvo legítimo de saber.

O que a segunda parte do trabalho mostra é que, apesar das consequências negativas para o processo de subjetivação das crianças negras, ou seja, elas percebem que são tratadas de maneira diferenciada pelas professoras, elas não vão ao colo, por exemplo, podemos dizer que, de alguma maneira, como um aspecto positivo, as crianças negras estariam livres deste tipo de "afeto" (ser carregada no colo, ser beijada por exemplo) que é quase um abraço de urso, pois acolhe e mata. Mata as crianças que não pertencem a uma ordem hegemônica de estética e saúde "dominante" a qual exclui os diferentes, mas também, mata aquelas crianças brancas pertencentes à ordem dominante do corpo, já que é um tipo de afeto desnecessário para o processo educativo, pois é realizado para diferenciar as crianças; é um abraço racista que ama a "si próprio". Ou seja, pretendemos defender aqui a ideia de que o negro, em sua positividade presente na diferença, está livre para construir outras coisas, já que faz "fugir" (sempre algo escapa e/ou foge das organizações binárias, segundo Deleuze) ordens hegemônicas de saúde, estética cujo modelo é centrado no adulto branco, ocidental, heterossexual; é nessa fronteira que pretendemos fazer alguns apontamentos na direção de uma criança e negra.

A segunda fase denominamos uma criança e negra que é um esforço de tornar compossível pensar raça,[1] gênero, sexualidade e classe social como categorias "minoritárias". Nessa fase há clareza da potência, da possibilidade e da inevitabilidade de atravessar a realidade social a partir da ideia de raça. O aditivo *e* tomamos emprestado de Stuart Hall. A utilização do aditivo foi construída a partir do trabalho de Stuart Hall (2003) que discute negro não como uma categoria essencializada, "da qual pensamos estar seguros, de que esta será mutuamente libertadora e progressista em todas as dimensões" (HALL, 2003, p. 347). Quer dizer que o fato de ser negro não é por si só razão suficiente para se estar sob uma perspectiva digamos diruptiva que a perspectiva negra carrega como possibilidade.

A ideia de uma criança negra refere-se à passagem de uma visão que pensa *a* criança para uma visão que vê *uma* criança. A criança: única e universal para *uma* criança: impessoal, singular e múltipla.

Diferença e cultura

A contemporaneidade tem se caracterizado como um momento no qual as diferenças estão sendo exaltadas e até cultuadas como a cultura

---

[1] Os movimentos sociais, especialmente o movimento negro brasileiro se reapropriou do conceito de raça, para além de qualquer conotação biológica e científica do termo, como uma maneira, ao mesmo tempo, de resistência e resposta ao processo de subalternização no qual os negros foram e são colocados nas hierarquias sociais e de trabalho e também como uma categoria sociológica e analítica de interpretação da realidade social

negra: suas músicas, suas danças, seu jeito de ser, o estilo do cabelo etc. No entanto, essa exaltação da cultura negra vem acompanhada também de uma nova forma de racismo que se veste de uma nova roupagem, pois se organiza a partir de uma *inclusão diferenciada*. A cultura é usada para cumprir o papel que a biologia desempenhava.

Para Hardt e Negri (2002), estaríamos passando da sociedade moderna para a pós-moderna e do imperialismo ao Império. O momento atual sugere a emergência da categoria *multidão* em contraposição à de *povo* que se encontra em crise juntamente com o Estado-Nação.

O Império abole as fronteiras, *não existe um fora* para o mercado mundial, ele é inclusivo, aproveitando toda forma de diferença. O conceito pós-moderno de multidão possui um potencial de engajamento e mudança, em suas formas plurais, baseadas na diferença, uma multiplicidade, por isso, "toda nação precisa fazer da multidão um povo" (HARDT; NEGRI, 2002, p. 120) já que a multidão tudo faz vazar.

O Império "não cria divisões, mas reconhece as diferenças existentes ou potenciais, festeja-as e administra-as dentro de uma economia de comando. O triplo imperativo do Império é incorporar, diferenciar e administrar" (HARDT; NEGRI, 2002, p. 220). Ou seja, incluir as diferenças significa tirar o potencial das diversas subjetividades constituintes.

Hall (2003) inicia o capítulo "Que negro é esse na Cultura Negra?", questionando: "que tipo de momento é este para se colocar a questão da cultura popular negra?" e responde, citando Cornel West que propôs uma genealogia do que seria esse momento a partir de três eixos: o primeiro é o deslocamento dos modelos europeus de alta cultura da Europa enquanto sujeito universal da cultura; o segundo é o surgimento dos EUA como potência mundial e, consequentemente, como centro de produção e circulação global de cultura e, terceiro, é a descolonização do Terceiro Mundo, marcado culturalmente pela emergência das sensibilidades descolonizadas.

E isso se deve ao fato da natureza do período de globalização cultural atualmente em processo; segundo Hall, o pós-moderno registra certas mudanças estilísticas no que ele chama de *dominante cultural* que também representou uma mudança no terreno da cultura, pois há uma "ambivalente fascinação do pós-modernismo pelas diferenças sexuais, culturais e, sobretudo, raciais" (HALL, 2003, p. 337).

Dessa forma, o que Hall está denominando "Pós-moderno global" poderíamos considerar como uma analogia com o que Hardt e Negri chamaram de "Império", pois, nas duas formas de utilização, os termos apresentam uma nova forma de percepção das diferenças e do racismo.

O momento atual faz emergir a discussão sobre a questão da identidade e da pluralidade. Para o entendimento da identidade negra, Hall (2003) enfoca o jogo da diferença para mostrar a natureza intrinsecamente hibridizada de toda a identidade e das identidades diaspóricas em especial, ou seja, a identidade como uma costura de posição e contexto e não uma essência. Por isso, este artigo se propõe a discutir uma criança *e* negra ao invés de criança negra como uma identidade essencializada.

Segundo Gilroy (2001), a questão da identidade e não identidade tem adquirido um significado histórico e político especial no Reino Unido já que suas comunidades negras estão de algum modo unificadas pela experiência da migração do que pela memória da escravidão.

Essa "unificação" das comunidades negras teve como "matéria-prima" as músicas do mundo Atlântico Negro, que essas populações capturaram e adaptaram às suas novas circunstâncias, que não era etnicamente marcado, mas que favorecia a elaboração de uma cultura conectiva. E, a partir disso, segundo Gilroy (2001), a ideia de cultura racial autêntica ora tem sido contestada, ora desconsiderada.

Para Hall (2003), a cultura popular negra foi "sobredeterminada" de duas formas: parcialmente por suas heranças e também por suas condições diaspóricas e isso quer dizer que o autor está entendendo que essa cultura não existe em sua forma pura, mas sim hibridizada. Uma estética diaspórica com suas estratégias dialógicas e suas formas híbridas formadas a partir da história, da mudança e das intervenções políticas.

Dessa forma, a validade da utilização do conceito de diáspora está "em sua tentativa de especificar a diferenciação e a identidade de um modo que possibilite pensar a questão da comunidade racial fora de referenciais binários restritivos, particularmente aqueles que contrapõem essencialistas e pluralistas" (Gilroy, 2001, p. 239).

A música, segundo Gilroy (2001, p. 241), é particularmente importante na ruptura dessa oposição entre essencialistas e pluralistas, pois essa é abordada pelo autor mais como um "mesmo mutável" do que como um mesmo imutável, por isso, "a tradição pode ser chamada de tradição, é uma tradição em movimento incessante, uma formação caótica, viva e inorgânica, um mesmo mutável".

Hall cita Gilroy para nos apresentar um novo tipo de posição cultural a partir de uma lógica diferente da diferença e que justifica a utilização em nosso trabalho do aditivo *e* em criança e negra: "os negros da diáspora britânica devem, neste momento histórico, recusar o binário negro ou britânico. Eles devem recusar porque o "ou" permanece o local de contestação constante, quando o propósito da luta deve ser, ao contrário, substituir o "ou" pela potencialidade de um "e", o que significa a lógica do acoplamento, em lugar da lógica da oposição binária" (HALL, 2003, p. 241).

Assim, a música negra não pode, de acordo com Gilroy (2001), ser reduzida a um diálogo fixo entre um eu racial pensante e uma comunidade racial estável [...] "O chamado original está se tornando mais difícil de localizar e não mais se converge a um local etnicamente codificado" (GILROY, 2001, p. 221).

Por isso, de acordo com o autor, a arte se tornou a espinha dorsal das culturas políticas e de sua história cultural e ainda continua sendo um instrumento utilizado pelos militantes negros culturais (GILROY, 2001). Assim, a escravidão prendia o negro, a estética o libertava e era uma forma de resistência e consolação. A vida como "obra de arte", já diria Deleuze (1992), referindo-se a Foucault.

No interior desse campo de pensamento, os negros podem ser pensados como uma categoria "minoritária" que não se refere à quantidade, mas à possibilidade de devir, que é a possibilidade de fazer fugir ordens hegemônicas de estética, de saúde, de trabalho, arte etc. Por isso, de acordo com Deleuze e Guattari (1997, p. 87), "por maioria nós não entendemos uma quantidade relativamente maior, mas a determinação de um estado ou de um padrão em relação ao qual as quantidades maiores quanto as menores serão ditas minoritárias: homem-branco, adulto-macho. Maioria supõe um estado de dominação, não o inverso". Por isso, não há um devir-homem, pois esse é a figura molar por excelência utilizada para avaliar e validar todos os demais e os devires são moleculares.

No entanto, atrelada à categoria raça, temos também a categoria infância, pois ambas possuem uma característica semelhante, pois conseguem fazer *devir outra coisa* às noções generalizantes e binarizantes de branco/preto e adulto/criança e, por isso, podem se configurar como uma potência micropolítica.

Apesar de ter clareza que criança e infância são dois conceitos distintos, para este trabalho em que pretendemos discutir o aditivo *e*, ou seja, uma criança e negra, tomaremos o conceito de infância e criança de maneira indistinta.

Criança negra

O estudo foi realizado a partir de um levantamento (via internet) sobre a produção científica elaborada a respeito da criança negra entre os anos de 1980 e 2007, utilizando textos que indicaram no título ou na abordagem envolvendo a categoria de análise criança negra.

Durante o levantamento, tivemos mais facilidade em encontrar o tema em artigos de periódicos, mas também incluímos dissertações e alguns livros publicados. As fontes consultadas foram:

Tabela 1 – Distribuição de trabalhos em periódicos, livros e dissertações

Periódicos/Revistas/Livros/Dissertações	Número de artigos	%
Cadernos de pesquisa	19	28,4%
Dissertações	13	19,4%
Livros	15	22,4%
Revista Brasileira de Educação	1	1,5%
Revista Brasileira de Estudos Pedagógicos	1	1,5%
Revista Negro e Educação	8	11,9%
Revista Raça	1	1,5%
Total	**67**	**100,0%**

Entre os periódicos consultados, o que apresentou um maior número de artigos sobre a questão racial foi o *Cadernos de Pesquisa* com 19 artigos sobre a criança negra. Entretanto, apesar de este periódico apresentar um número relativamente maior em relação aos outros consultados, segundo Souza (2001), que realizou sua pesquisa com o objetivo de interpretar o discurso pedagógico relativo à questão racial publicado nos Cadernos de Pesquisa da Fundação Carlos Chagas durante as décadas de 1980 e 1990, grande parte dos textos examinados foi publicada nos meses de maio ou novembro, revelando assim "a ênfase dada às datas reservadas para a comemoração da 'libertação dos escravos' e 'morte de Zumbi', o que mostra uma descontinuidade da reflexão que envolve relações raciais e educação" (SOUZA, 2001 *apud* CAVALLEIRO, 2001, p. 42).

Souza (2001) reconhece a contribuição da Fundação Carlos Chagas para a discussão da temática racial em educação; no entanto, o que a pesquisadora ressalta é que o trabalho realizado é incipiente para duas décadas, a partir de um conjunto de 42 artigos, dos quais 30 compõem o caderno n. 63 (1987), que é uma edição especial, na qual, seus artigos são frutos dos debates promovidos durante o seminário *O Negro e a Educação*, realizado em dezembro de 1986.

Antes da escolha dos Cadernos de Pesquisa para o desenvolvimento de sua pesquisa, Souza (2001) encontrou uma quantidade irrisória em outros periódicos (Revista Educação e Sociedade; Revista Brasileira de Estudos Pedagógicos; Revista da Faculdade de Educação – FEUSP), da mesma forma que a presente pesquisa, revelando que a produção sobre a questão racial e a educação, principalmente sobre a criança negra, objeto deste estudo, ainda continua incipiente em nosso país.

As crianças historicamente foram excluídas da história e suas vidas sempre foram contadas pelos adultos; no entanto, conhecemos a história do nascimento de uma determinada infância branca apresentada pelo historiador francês Phillipe Ariès. A criança negra encontra-se em um mutismo maior em relação à criança branca que de alguma forma sempre foi retratada.

De forma geral, a criança negra tem sido apresentada pelas pesquisas a partir de um protótipo de infância na qual ela se caracteriza por uma baixa estima, utiliza um equipamento de ensino que não acolhe a sua diferença, a sua particularidade cultural e que em diversas situações lhe impossibilita a permanência por se basear em um único modelo de indivíduo e de cultura. Essas pesquisas encontradas fazem a denúncia da clausura de sentido do qual a escola faz parte além de se constituir em um equipamento produtor e centralizador de sentidos e de produção hegemônica de modelos.

A escola é apresentada nas pesquisas como tendo uma base conservadora e excludente ao se pautar por um modelo de currículo que poderíamos denominar "embranquecido"[2] diante da ausência de conteúdos que possam contribuir para que os alunos negros se vejam contemplados e também o silêncio da equipe pedagógica a respeito das questões raciais (GUSMÃO,1999; OLIVEIRA,1992; SILVA, MONTEIRO, 2000, p. 80; SILVA, BARROS, 1997; CAMPOS JR., 1999; GONÇALVES, 1987; TEODORO, 1987; THEODORO, 2000).

O livro didático é apontado nas pesquisas raciais como sendo um veículo que pode gerar consequências negativas na autoimagem da criança negra pela veiculação de estereótipos relacionados ao povo negro que geralmente é apresentado de forma caricaturada e desempenhando papéis subalternos; no entanto, apresentamos também outras pesquisas que utilizaram livros que não correspondem a essas características citadas anteriormente, pois contribuem com suas imagens e mensagens de texto de forma positiva para as crianças negras (NEGRÃO, 1987; PINTO, 1987; TRIUMPHO, 1987;[3] SILVA, 1987; LIMA, 2000, p. 96; SILVA, 2000, p. 18; LOPES, 1987; ANDRADE, 2000).

A forma como os livros didáticos e suas possíveis consequências na autoestima das crianças negras são apresentados, nos leva à ideia de causa-consequência, mas o livro didático é apenas uma das formas de representação utilizadas e, por isso, não deve ser visto como algo preponderante quando esse aparece de forma isolada.

No entanto, o que nos mostrou os autores utilizados no levantamento bibliográfico sobre a criança negra, é que os livros didáticos ou mesmo infanto-juvenis devem ser utilizados de forma crítica, pois podem contribuir de forma negativa para a autoestima da criança negra e de seu pertencimento racial; no entanto, podemos encontrar livros que

---

[2] Felizmente, atualmente tivemos um grande avanço nesse aspecto ocasionado pela alteração trazida à Lei nº 9394/96 de Diretrizes e Bases da Educação Nacional, pela Lei nº 10639/2003 que estabeleceu a obrigatoriedade do ensino de História e Cultura Afro-Brasileira e Africana na Educação Básica. Algo ainda a se concretizar, no entanto, é um passo extremamente positivo na constituição de um ensino mais democrático e plural.

[3] Triumpho faz parte dos Agentes da Pastoral Negros, que são pessoas engajadas na comunidade negra que lutam contra toda forma de racismo, a partir de sua própria identidade de fé.

podem ser muito úteis no fortalecimento de uma autoimagem positiva para essa criança.

Estudos têm mostrado que os alunos negros enfrentam dificuldades para permanecerem na escola, sendo os que apresentam as maiores taxas de evasão e repetência. As pesquisas têm concluído que o rendimento escolar da criança negra acaba sendo condicionado por processos intraescolares, pois mesmo quando o nível socioeconômico das famílias é equivalente, ainda assim, os negros, muitas vezes, apresentam uma trajetória escolar diferenciada, ou seja, o sucesso do aluno negro é menor que o dos alunos brancos na escola (ROSEMBERG, 1987; HASENBALG, 1987, p. 26; HASENBALG, SILVA, 1990; ROSEMBERG,1991; KAPPEL, CARVALHO, KRAMER, 2001[4], ANDRADE, DACHS, 2007).

Até o momento, tratamos desta temática abordando estudos referentes às séries iniciais do ensino fundamental, mas esses mesmos aspectos enfocados anteriormente podem ser encontrados desde a mais tenra idade com as crianças na educação infantil, como nos mostram algumas pesquisas e que nos fazem refletir sobre o nosso papel enquanto educadores, nossas concepções e crenças e o reflexo disso na construção da identidade das crianças negras.

Há um número reduzido de pesquisas no Brasil que analisaram a questão racial na creche (com crianças de 0 a 3 anos). As pesquisas realizadas apontam para a existência da problemática racial no espaço da educação infantil (CAVALLEIRO, 2000; GODOY, 1996; AFONSO, 1995; SOUZA, 2002).

Podemos concluir que as crianças, aos 4 anos de idade, já passaram por processos de subjetivação que as levaram a concepções já tão arraigadas no nosso imaginário social sobre o branco e o negro e consequentemente sobre as positividades e negatividades atribuídas a um e outro grupo racial. No entanto, isso pode ser favorecido pela instituição a partir das concepções e valores dos profissionais envolvidos com essas crianças e, também, é claro, a mídia que atua de forma bastante forte na veiculação de imagens, ideias e ideais estéticos que acabam fortalecendo

---

[4] Perfil das crianças de 0 a 6 anos que frequentam creches, pré-escolas e escolas: uma análise dos resultados da Pesquisa sobre Padrões de Vida/IBGE. In: *Revista Brasileira de Educação*, n. 16. Rio de Janeiro: Editores Associados, 2001. p. 35-47.

o grupo racial dos brancos e estigmatizando negativamente o grupo racial dos negros.

A cultura negra é silenciada na escola, um silêncio que corresponde à inexistência e não simplesmente ao ato de calar-se, omitir ou abafar, mas como uma maneira de não ver, de relegar, um "pacto" que não deve ser quebrado, pois senão teríamos que refazer o currículo, refazer a escola. Diante disso, a escola reproduz um discurso baseado na igualdade de todos os seus alunos.

A partir desse discurso da igualdade, os agentes pedagógicos acabam acionando mecanismos de poder que fixam um modelo de sociedade e punem todos aqueles que dele desviam, mutilando a particularidade cultural do segmento da população negra brasileira, a partir de um ritual que se legitima na instituição escolar, não por aquilo que é dito, mas por tudo aquilo que silencia.

Assim, as crianças negras estão tendo diversas experiências que as levam a constituir uma autoimagem negativa que está relacionada com a dimensão histórica do contexto da escravidão e de suas consequências posteriores na vida dos negros brasileiros que coopera para a construção de estigmas; se esse fato não for considerado, acaba por naturalizar a baixa estima da criança negra como sendo algo inerente à sua personalidade (PEREIRA, 1987; LOPES, 1995; ROMÃO, 2001, CERQUEIRA, 2005).

A criança negra não encontra na escola modelos de estética que afirmem (ou legitimem) a cor de sua pele de forma positiva, pois geralmente a maior parte do corpo docente é branca e com poucos subsídios para lidar com os problemas de ordem racial. No entanto, essa é uma característica não só dos professores brancos, mas também de muitos professores negros alheios à questão racial no cotidiano escolar.

O preconceito e a discriminação, ainda que de forma escamoteada, são muito presentes na escola e essa instituição, apesar de utilizar o discurso da igualdade, não respeita as diferenças e, diante disso, as crianças negras, para obter sucesso na escola, precisam *"branquear-se"*.

A ideologia do branqueamento está sendo entendida da mesma forma que Silva (2000, p. 16) a concebe:

> [...] a ideologia do branqueamento se efetiva no momento em que, internalizando uma imagem negativa de si próprio e uma imagem positiva do outro, o indivíduo estigmatizado tende a se rejeitar, a não

se estimar e a procurar aproximar-se em tudo do indivíduo estereotipado positivamente e dos seus valores tidos como bons e perfeitos.

Dessa forma, o que as pesquisas sugerem como uma ferramenta de combate ao racismo é que tal questão não continue sendo ocultada na instituição escolar, devendo possibilitar um espaço permanente para discussão e reflexão de posturas racistas e preconceituosas, visando à superação de estereótipos, estigmas e discriminações contra os negros que são tão presentes no ambiente escolar (ROMÃO, 2001; RAMOS, 2002; SILVA, 2000).

Destacamos o artigo de Rosemberg e Rocha (2007) que, de alguma forma, corrobora com a nossa classificação ao mostrar que as pesquisas sobre as relações raciais têm se caracterizado como denúncia contra o racismo, conforme anunciamos como a primeira fase das pesquisas. Desse modo, o artigo das autoras pretende aprofundar o debate sobre classificação e denominação de cor/raça no Brasil contemporâneo, trazem para o debate a voz de crianças e adolescentes sobre a denominação de cor/raça entre alunos de escolas públicas paulistanas. Segundo os autores, o artigo produzido associa dois objetivos, o político: de dar voz e escutar a voz de crianças e adolescentes sobre a pertença racial e acadêmico: estender o conhecimento sobre o sistema de classificação racial para idades que em regra não são atingidas pelos inquéritos nacionais. Além disso, segundo os autores, a pesquisa realizada visa contribuir para o volume crescente de estudos sobre relações raciais no Brasil que dedicam pouca atenção às crianças e adolescentes, já que parte substantiva dos estudos sobre crianças negras, no Brasil, preocupa-se com a *produção e reprodução de preconceito racial e seu impacto na construção de sua identidade racial* (ROSEMBERG; ROCHA 2007, p. 771).

Na avaliação dos autores, os resultados obtidos com a aplicação dos questionários revelam que se pode responder ao MEC/INEP que crianças e adolescentes entre 9 e 16 anos poderiam responder adequadamente ao quesito cor/raça do questionário Censo Escolar. Alguns poderiam mesmo participar de um debate na própria escola sobre conceituação, denominação e classificação racial (2007, p. 795), em consonância com as concepções contemporâneas, especialmente enfatizadas pela Sociologia da Infância, de que crianças e adolescentes são considerados atores sociais e sujeitos de direito a expressar opinião e identidade.

Uma criança e negra

Essas pesquisas, com suas respectivas contribuições, vão compondo um objeto de estudo e de análise para a compreensão das relações inter-raciais e também para a formulação de propostas sobre formação de professores, material didático, formulação de currículos, formação/produção de políticas de Ação Afirmativa para o fortalecimento de uma sociedade plural, da diferença e consequentemente o enfrentamento e a superação do racismo. Isso favorece a formação de práticas de resistência para os negros, pois esses devem poder se olhar e afirmar a sua diferença.

Atrelada à categoria raça, temos também a categoria infância, pois as duas categorias têm uma característica semelhante, pois podem fazer "devir outra coisa" às noções generalizantes e binarizantes de branco/preto e adulto/criança, pois diferem do modelo homogeneizante da figura molar por excelência e, por isso, podem se configurar como uma potência micropolítica.

Nesse sentido, Deleuze nos fala do devir-criança enquanto uma linha molecular e minoritária, não no sentido quantitativo, mas no sentido de uma força intensiva, de um movimento e de uma processualidade que pode trazer alguma novidade. Esse devir que Deleuze caracteriza enquanto uma linha molecular pode vir a fazer fugir ordens hegemônicas sejam discursivas ou não, bem como jeitos de ser e de viver, e ao mesmo tempo pode anunciar diferenças e outras coisas. O conceito de devir não é um conceito simples em Deleuze; ele aparece em vários de seus textos, mas o que é interessante nesta ideia é que as crianças em seu devir que nada tem a ver com uma temporalidade cumulativa e linear, ou seja, que desembocaria em um vir-a-ser adulto têm um caráter diruptivo nas diferenças que anunciam, já que suas linguagens, seus sentidos, e suas estéticas estão mais separadas das teias de poder.

Devir-criança é uma linha que não se confunde com as crianças, pois alguns adultos também podem ser atravessados por esse devir, pois, como diz Deleuze[5]: "saber envelhecer, não é ficar jovem, mas extrair de

---

[5] No original: "*savoir vieillir, n'est pas rester jeune, c'est extraire de son âge les particules, les vitesses et lenteurs, les flux qui constituent la jeunesse de cet âge*" (DELEUZE; GUATTARI, 1980, p. 340).

sua idade as particularidades, as velocidades e lentidões, os fluxos que constituem a juventude desta idade". Deleuze[6] diagrama dois devires: o devir-mulher e o devir-criança: [...] "existe um devir-mulher, um devir-criança que não se assemelham à mulher ou à criança como entidades molares bem distintas (embora a mulher ou a criança possam ter posições possivelmente privilegiadas, mas somente possíveis, em função de tais devires)". Podemos de alguma maneira pensar o devir como um acontecimento e como uma experiência.

Há vários autores da infância que de alguma maneira se referem a esse devir quando falam da criança, "seu jeito desarrazoado", um "devir-vagabundo" (BELLOTI, 1987), "suas criancerias" (KATZ, 1999), "uma libido perversa-polimorfa" (CAMBI, ULIVIERI, 1988); essa possibilidade de devir é uma potência da infância que vale a pena entender e aproveitar.

Kohan, nessa mesma direção, propõe um esforço filosófico no sentido de tirar a infância do lugar do sem, daqueles a que tudo falta, os que não têm, os não habilitados, os incapazes, os infantis, os excluídos da ordem social. Em seu livro *Infância, estrangeiridade e ignorância* (2007), ele faz um esforço de pensar a infância desde uma outra marca, coincidindo com a ideia de minoria de Deleuze, como força, afirmação, presença, digamos, positivamente. Nesse esforço ele aproveita a ideia de pensar a infância na direção do filósofo italiano Giorgio Agamben, a infância como experiência, na sua relação com a linguagem e a História.

É nesse sentido que Agamben diz que é a infância que se inscreve na linguagem, a aprendizagem da linguagem é um dispositivo da infância e não do adulto, "se abandonamos a infância, abandonamos também a possibilidade de entrar na linguagem, seja porque renunciamos a essa possibilidade, seja porque já estaremos dentro dela" (KOHAN, 2007, p. 112). Dessa forma, essa possibilidade teórica entende a infância como experiência que nada tem a ver com a idade e, ao contrário da sua etimologia: "sem fala", é a infância o momento primeiro da linguagem, e não outro, por isso é também história. E, seguindo esse percurso filosófico

---

[6] No original: "*il y a un devenir-femme, un devenir-enfant, qui ne ressemblent pas à la femme ou à l'enfant comme entités molaires bien distinctes (quoique la femme ou l'enfant puissent avoir des positions privilégiées possible, mais seulment possible, en fonction de tels devenirs)*" (DELEUZE; GUATTARI, 1980, p. 337).

afirmativo da infância, aparece ao mesmo tempo a sua força: "a infância fala uma língua que não se escuta. A infância pronuncia uma palavra que não se entende. A infância pensa um pensamento que não se pensa". Essa é a força da infância, a diferença, a estrangeirice, o devir.

Negro no interior desse pensamento também faz fugir determinadas ordens quando pensado como uma força minoritária, molecular, positiva e não essencialista. Essa possibilidade de pensamento poderia vir a compor um segundo momento das pesquisas sobre negro, não só centrada na denúncia. Mas nas possibilidades de inversão e de produção de outras coisas sob a clave do negro, daquilo que ele difere e faz diferir.

Se tomarmos um exemplo, na obra de Gilroy há uma primeira inversão importante que ele faz em relação, por exemplo, à noção do trabalho que é categoria fundante das teorias, entre elas, a marxista; diz ele: "já sugeri aqui um grau de convergência com outros projetos rumo a uma teoria crítica da sociedade, particularmente o marxismo. Entretanto, onde a crise vivida e a crise sistêmica se juntam, o marxismo atribui prioridade à última, ao passo que a memória da escravidão insiste na prioridade da primeira; sua convergência também é solapada pelo simples fato de que, no pensamento crítico dos negros no Ocidente, a autocriação social por meio do trabalho não é a peça central das esperanças de emancipação. Para os descendentes de escravizados, o trabalho significa apenas servidão, miséria e subordinação". O trabalho não é categoria fundamental quando se pensa negro; é a estética, por exemplo.

Na realidade ao tomarmos criança e negro e menina e pobre, por exemplo, complexificamos o entendimento da realidade e é o que precisamos fazer nesse momento – olhar ao mesmo tempo em várias ramificações. É a possibilidade de recriar novos sentimentos que englobam o encantamento de si e a volta do prazer em se reconhecer a partir da perspectiva de um novo olhar, e verdadeiramente se encontrar por meio da pluralidade e diferenciação, livrando-se dessa clausura subjetiva.

Uma diferença que indica uma beleza negra tão cheia de particularidades, que difere os cabelos na sua textura (enrolado, crespo, liso), as peles e seus diversos tons, o nariz que em cada um assume uma feição, ao rosto que alguns possuem mais alongados, outros menores.

Vamos nos "re-olhar", nos "re-definir" a partir das nossas próprias diferenças, pois essas, ao mesmo tempo em que são extremamente particulares, são também universais, pois todos nós somos diferentes, ou seja, uma subjetividade que seja própria de cada um ao invés de deixar permanecer "o outro no lugar de mim" (BLANCHOT, 1980, *apud* PELBART, 2000, p. 9). É uma luta, diria Foucault (1984, *apud* PELBART, 2000, p. 12), contra as formas de "assujeitamento", isto é, "recusando o tipo de individualidade que nos foi imposto durante séculos".

"Só me interessa o que não é meu"

O manifesto antropofágico de Oswald de Andrade em 1928 já colocava a questão do outro. Não há nenhuma possibilidade de absorver o outro sem se alterar; a antropofagia era esse movimento na temática sobre o outro, comer o outro para poder criar algo que era "outro" e, somente assim, novo. Pois novo nessa perspectiva é a capacidade de outrar-se.

Considerações finais

A escola ainda ocupa um papel preponderante na formação dessa criança, pois, segundo Guattari, o que conta não é a técnica, é o efeito da política semiótica dos adultos sobre as crianças. Esse efeito diz respeito a todas as nossas crenças e valores que diariamente incutimos nos nossos alunos. Ou seja, a criança percebe o que fazemos e não só aquilo que a gente diz que faz.

Diariamente dizemos com palavras ou atos que gostamos mais de certas pessoas, pois são azuis e não vermelhas; o dia está bonito, pois não há nuvens; aquele aluno é ótimo, pois fica quieto; aquela criança é tão linda que eu até levaria para casa.

Geralmente na escola trabalha-se como se não houvesse diferenças a partir de um discurso da igualdade entre as crianças, apesar de ocorrerem práticas ostensivas de diferenciação, principalmente de caráter racial e estético.

Esse discurso da igualdade tenta construir uma equidade entre os alunos a partir de uma quimérica democracia racial a partir da ideia de que vivemos em uma sociedade harmoniosa racialmente e que o possível preconceito existente se refere à questão de classe social e não à cor da pele ou raça, fato que dificulta a discussão do assunto que ainda se encontra como um *tabu* na nossa sociedade, não devendo ser falado, não devendo ser discutido.

A escola encontra-se presa a esse modelo estrutural, pois temos um arquétipo de políticas públicas e de formação excludente de se entenderem e pensarem as diferenças. Dessa forma, geralmente, "negamos o múltiplo" e utilizamos um padrão, em geral, único para avaliar e validar todos os demais; no entanto, os que não fazem parte dele são "excluídos", "deixados de fora"; por isso, precisamos romper com ele, pois esse abre precedentes para o racismo, já que as diferenças em relação ao padrão são vistas como algo negativo.

Isso também passa pelas nossas concepções do que seja o melhor aluno, o pior aluno, o mais quieto, o mais bagunceiro, o que vai passar de ano, o que vai ser alguma coisa na vida e o que não vai virar nada. A isso atribuímos certas características que acabam se transformando em clausuras, difíceis de o aluno escapar. São clausuras, pois atribuímos um sentido como se fosse a verdade e são estereótipos.

Fomos formados para trabalhar com um aluno "ideal", hipotético; no entanto, esse não encontramos, mas nos deparamos na maioria das vezes com alunos que não chegam "limpinhos" na escola; que não usam roupas e tênis novos; que não aprendem tudo com a maior rapidez; são impacientes com o que ensinamos e achamos ser o essencial para a vida dele.

Procuramos sempre nos unir a algo com que nos identificamos, a algo que seja familiar para nós, mas, quando não há essa identificação na relação entre "iguais", ou seja, quando o "outro" não é uma cópia de mim, quando ele não se encaixa nos meus padrões, quando ele foge das minhas convicções, então, há uma redução do outro ao mesmo, constituindo-se em práticas de exclusão e supressão de toda forma de diferença/alteridade e, ao mesmo tempo, assemelhando-se, segundo Ortega (2000, p. 72), às estratégias políticas nacionalistas, xenófobas, chauvinistas e racistas.

Dessa forma, o que ocorre é uma essencialização das diferenças que leva às classificações entre as crianças a partir de rotulações. Precisamos, no nosso trabalho cotidiano, incorporar o discurso das diferenças não como um desvio, mas como o mote de nossas práticas e das relações entre as crianças.

Essa seria uma postura que reclama novos afetos, uma nova forma de se relacionar com o diferente, com o estrangeiro, ou seja, com a diversidade, com o outro que não é mais um "mesmo" de mim; segundo Pelbart (1993, p. 11), "é brincar de desfazer certas ordens cristalizadas no espelho do Tempo", buscando, assim, outras formas de vida, já que as opções que nos são dadas encontram-se por vezes pobres e sem possibilidades.

A diversidade precisa ser produzida, mas, de acordo com Pelbart, "não basta reconhecer o direito às diferenças identitárias, com essa tolerância neoliberal tão em voga, mas caberia intensificar as diferenciações, incitá-las, criá-las, produzi-las [...] recusar a homogeneização sutil, mas despótica em que incorremos às vezes, sem querer, nos dispositivos que montamos quando os subordinamos a um modelo único, ou a uma dimensão predominante" (PELBART, 1993, p. 23).

Referências

ABRAMOWICZ, A.; SILVERIO, V. *Educação e diferença Montando o quebra-cabeça da diversidade na escola*. Campinas: Papirus, 2005.

AFONSO, L.Gênero e Processo de Socialização em Creches Comunitárias. *Cadernos de Pesquisa*, n. 93. 1995. p. 12-21.

ANDRADE, I. P. de. Construindo a autoestima da criança negra. In: MUNANGA, K. (Org.). *Superando o racismo na escola*. Brasília: Ministério da Educação, Secretaria de Educação Fundamental. 2000. p. 111-118.

ANDRADE, C.Y. de; DACHS, J. N. W. Acesso à educação por faixas etárias segundo renda e raça/cor. *Cadernos de Pesquisa*, n. 131, p. 399-422.

ÁRIES, Ph. *L'enfant et la vie familiale sous l'Ancien régime*. Paris: Seuil,1973 (1960).

BARBOSA, I. M. F. Socialização e Identidade Racial. *Cadernos de Pesquisa*, n. 63. 1987. p. 54-55.

BELOTTI, E. G. *Educar para a submissão*. Tradução de Ephraim Ferreira Alves. Petrópolis: Vozez, 1987.

BOTEGA. G. P. *Relações raciais nos contextos educativos: implicações na constituição do autoconceito das crianças negras moradoras da comunidade de Santa Cruz no município de Paulo Lopes*. Dissertação (Mestrado). Universidade Federal de Santa Catarina. 2006.

CAMBI, F.; ULIVIERI, S. *História da infância na Itália liberal*. Firenze: La Nuova Italia. 1988.

CAMPOS JR., Pe. João. *A criança negra na escola*. São Paulo: Salesianas. 1999.

CAVALLEIRO, E. dos S. *Do silêncio do lar ao silêncio escolar: racismo, preconceito e discriminação na educação infantil*. São Paulo: Contexto. 2000.

CAVALLEIRO, E. S. *Racismo e anti-racismo na educação: repensando nossa escola*. São Paulo: Summus. 2001.

CERQUEIRA, V. S. A construção da auto-estima da criança negra no cotidiano escolar. In: *Negro e Educação: identidades, cultura e políticas públicas*. São Paulo: Ação Educativa, Anped, 2005.

DELEUZE, G. *Conversações*. Rio de Janeiro: Editora 34. 1992.

DELEUZE, G. *Crítica e clínica*. São Paulo: Editora 34. 1997

DELEUZE, G.; GUATTARI, F. *Capitalisme et schizophrénie 2: Mille plateaux*, Paris, Éditions Minuit, 1980.

DELEUZE, G.; GUATTARI, F. *Mil Platôs: Capitalismo e Esquizofrenia*. Rio de Janeiro: Ed. 34. 1996. v. 3. 120p.

DELEUZE, G.; GUATTARI, F. Devir-Intenso, Devir-Animal e Devir-Imperceptível. In: DELEUZE, G.; GUATTARI, F. *Mil Platôs: Capitalismo e Esquizofrenia*. São Paulo: Editora 34. 1997. v. 4. p. 11-14.

FOUCAULT, M. *Vigiar e Punir: história da violência nas prisões*. 26. ed. Petrópolis: Vozes. 1987.

FOUCAULT, M. *História da sexualidade 1: A vontade de saber*. Rio de Janeiro: Graal. 1983.

GILROY, P. *O Atlântico Negro*. Rio de Janeiro: Ed. 34/UCAM. 2001.

GODOY, E. A. *A representação étnica por crianças pré-escolar: um estudo à luz da teoria piagetiana*. Dissertação (Mestrado). Universidade Estadual de Campinas, 1996.

GONÇALVES, L. A. Reflexão sobre a particularidade cultural na educação das crianças negras. *Cadernos de Pesquisa*, n. 63. 1987. p. 27-29.

GUATTARI, F. *Revolução molecular: pulsações políticas do desejo*. 2. ed. Tradução de Suely Belinha Rolnik, Brasiliense. 1985.

GUSMÃO, N. M. M. Linguagem, Cultura e Alteridade: imagens do outro. *Cadernos de Pesquisa*, n. 107. 1999. p. 41-75.

HALL, S. *Da Diáspora: identidades e mediações culturais*.Belo Horizonte: Editora UFMG. 2003.

HARDT, M. A sociedade mundial de controle. In: ALLIEZ, E. (Org.). *Gilles Deleuze: uma vida filosófica*. São Paulo: Editora 34. 2000. p. 357-372.

HARDT, M.; NEGRI, A. *Império*. Rio de Janeiro: Record. Tradução de Berilo Vargas. 2002.

HASENBALG, C. A. Desigualdades sociais e oportunidade educacional: a produção do fracasso. *Cadernos de Pesquisa*, n. 63. 1987. p. 24-26.

HASENBALG, C. A.; SILVA, N. do V. Raça e oportunidades educacionais no Brasil. *Cadernos de Pesquisa*, n. 73. 1990. p. 5-12.

JÓDAR, F.; GÓMEZ L. Devir-criança: experimentar e explorar outra educação. *Revista Educação & Realidade: Dossiê Gilles Deleuze*. Porto Alegre. 2002. v. 27. n. 2. p. 31-46.

KAPPEL, M. D. B.; CARVALHO, M. C.; KRAMER, S. Perfil das crianças de 0 a 6 anos que frequentam creches, pré-escolas e escolas: uma análise dos resultados da Pesquisa sobre Padrões de Vida/IBGE. In: *Revista Brasileira de Educação*. 2001. n. 16. p. 35-47.

KATZ, C.S. Crianceria: O que é criança. *Cadernos de Subjetividade*. Núcleo de Estudos e pesquisas da subjetividade do Programa de Pós-Graduação em Psicologia Clínica da PUC, São Paulo: Número Especial, jun.1996. p. 90-96

KOHAN, W. O. Entre Deleuze e a Educação. *Revista Educação & Realidade: Dossiê Gilles Deleuze*. Porto Alegre. 2002. v. 27. n.2. p.123-130.

LIMA, H. P., (2000). Personagens negros: um breve perfil na literatura infanto-juvenil. In: MUNANGA, K. (Org.). *Superando o racismo na escola*. Brasília: Ministério da Educação, Secretaria de Educação Fundamental. 2000. p. 95-110.

LOPES, H. T. Educação e Identidade. *Cadernos de Pesquisa*. 1987. n. 63. p. 38-40.

NEGRÃO, E. V. A discriminação racial em livros didáticos e infanto-juvenis. *Cadernos de Pesquisa*. 1987. n. 63. p. 86-87.

OLIVEIRA, R. de. *Identidade do negro brasileiro: implicação para educação de mulheres e homens negros e brancos*. Conferência realizada no Seminário em Educação: O negro brasileiro: educação e cultura, realizado na PUC/RS. 1988.

OLIVEIRA, R. de. *Dissertação de mestrado que utilizou informações de documentos de inventário "Salve 13 de maio?"*. Dissertação de Mestrado. PUC. 1992.

ORTEGA, F. *Para uma política da amizade: Arendt, Derrida e Foucault*. Rio de Janeiro: Relume Dumará. 2000.

PELBART, P. P. *A vertigem por um fio: políticas da subjetividade contemporânea*. São Paulo: Iluminuras. 2000.

PEREIRA, J. B. B. A criança negra: identidade étnica e socialização. *Cadernos de Pesquisa*. 1987. n. 63. p. 41-45.

PINTO, R. P. A representação do negro em livros didáticos de leitura. *Cadernos de Pesquisa*. 1987. n. 63. p. 88-92.

RAMOS, L. H. da S. Na margem negra do Rio: pesquisa numa escola do subúrbio carioca. *Revista Negro e Educação*. 2002. n. 2. p. 117-130.

ROCHA, E. J.; ROSEMBERG, F. Autodeclaração de cor e/ou raça entre escolares paulistanos(as). *Cadernos de Pesquisa*, n. 132, p. 759-799.

ROMÃO, J. O educador, a educação e a construção de uma autoestima positiva no educando negro. In: CAVALLEIRO, E. (Org.). *Racismo e anti-racismo na educação: repensando a escola*. São Paulo: Summus. 2001. p. 161-178.

ROSEMBERG, F. Relações raciais e rendimento escolar. *Cadernos de Pesquisa.* 1987. n. 63. p. 19-23.

ROSEMBERG, F. Raça e educação inicial. *Cadernos de Pesquisa.* 1991. n. 77. p. 25-34.

SILVA, A. C. Estereótipos e Preconceito em relação ao negro no livro de Comunicação e Expressão do 1º grau – Nível I. *Cadernos de Pesquisa.* 1987. n. 63. p. 96-98.

SILVA, A. C. A Desconstrução da Discriminação no Livro Didático. In: MUNANGA, K. (Org.). *Superando o racismo na escola.* Brasília: Ministério da Educação, Secretaria de Educação Fundamental. 2000. p. 13-30.

SILVA, C. A. da; BARROS, F; HALPERN, S; SILVA, L. A. D. De como a escola participa da exclusão social: trajetórias de reprovação das crianças negras. In: ABRAMOWICZ, A.; MOLL, J. *Para além do fracasso escolar.* Campinas: Papirus. 1997. p. 27-46.

SILVA, C. D. *Negro, qual é o seu nome?* Belo Horizonte: Mazza Edições. 1995.

SILVA, I. S. *O acesso das crianças negras à educação infantil*: um estudo de caso em Florianópolis. Dissertação de Mestrado. Universidade Federal de Santa Catarina. 2007.

SILVA, M. J. L. da. As artes e a diversidade étnico-cultural na escola básica. In: MUNANGA, K. (Org.). *Superando o racismo na escola.* Brasília: Ministério da Educação, Secretaria de Educação Fundamental. 2000. p. 119-136.

SILVA, P. B. G.; MONTEIRO, H. M. Combate ao racismo e construção de identidades. In: ABRAMOWICZ, A.; MELLO, R. R. (Orgs.). *Educação: Pesquisas e Práticas.* Campinas: Papirus. 2000. p. 75-99.

SOUZA, A. L. de. Personagens negros na literatura infanto-juvenil: rompendo estereótipos. In: CAVALLEIRO, E. (Org.). *Racismo e anti-racismo na educação: repensando a escola.* São Paulo: Summus. 2001. p. 195-213.

SOUZA, E. F. Repercussões do discurso pedagógico sobre relações raciais nos PCNs. In: CAVALLEIRO, E. (Org.). *Racismo e Anti-Racismo na Educação: repensando nossa escola.* São Paulo: Summus. 2001.

SOUZA, E. P. *Tamborizar: história e afirmação da autoestima das crianças e adolescentes negros dos tambores de Congo.* Dissertação de Mestrado. Universidade do Estado da Bahia. 2005.

SOUZA, Y. C. de. *Crianças negras: deixei meu coração embaixo da carteira.* Porto Alegre: Mediação. 2002.

TEODORO, M. de L. Identidade, cultura e educação. In: *Cadernos de Pesquisa.* 1987. n. 63. p. 46-50.

THEODORO, H. Buscando Caminhos nas Tradições. In: MUNANGA, K. (Org.). *Superando o racismo na escola.* Brasília: Ministério da Educação, Secretaria de Educação Fundamental. 2000. p. 77-93.

TRIUMPHO, V. R. S. O negro no livro didático e a prática dos Agentes de Pastoral Negros. *Cadernos de Pesquisa*, n. 63, 1987, p. 93-95.

A socialização e a identidade: a escola e o dilema étnico-racial

Valter Roberto Silvério
Karina Almeida de Sousa

As mudanças na família, as dificuldades da escola em desenvolver processos de ensino e pedagogias que atendam à complexidade da sociedade e o surgimento de novas instituições socializadoras (as mídias), por exemplo, denotam a necessidade de se revisitar o conceito de socialização. Quando pensado especificamente em relação à sociedade brasileira, as disputas sociopolíticas em torno das crenças e representações e, em última análise, do sistema de valores questionado por movimentos sociais que reivindicam tratamento equitativo e lutam por reconhecimento de suas especificidades inatas, colocam novos ingredientes para se repensar um conceito que nasce em um contexto social marcado por expectativas universais homogeneizantes da sociedade industrial.

O industrialismo, enquanto sistema de organização econômica e social, surgido da Revolução Industrial, nos legou, entre várias outras coisas, tanto a influência do aspecto material sobre o moral e intelectual quanto a "promessa" de superação de todos os particularismos presentes nas organizações socioeconômicas anteriores. É por isso que os cientistas sociais têm mantido, por muitos anos, que a industrialização e as forças da modernização tenderiam a diminuir o significado de raça e etnicidade em sociedades heterogêneas. Eles pensavam que, com o desmantelamento de pequenas unidades sociais particularistas e a emergência de grandes e extensas instituições burocráticas impessoais, as lealdades pessoais (e dos povos) e identidade seriam primariamente direcionadas para o estado nacional mais que para comunidades raciais e étnicas. O desenvolvimento oposto, no entanto, parece ter caracterizado o mundo contemporâneo.

Dois autores parecem emblemáticos ao apontarem evidências para sustentar a tese de que a modernização resulta no aumento de demanda por reconhecimento da diversidade étnica (CONNOR, 1972), e que a industrialização não necessariamente propicia relações étnicas benignas ou substituição da ordem étnica anteriormente estabelecida (BLUMER, 1965).

Quais são as evidências?

Em nações industrializadas, grupos étnicos aparentemente bem absorvidos naquelas sociedades nacionais têm enfatizado sua identidade cultural, novos grupos têm demandado reconhecimento político. Exemplos disso é o movimento pelos direitos civis dos negros americanos na década de 1960 e as várias manifestações antirracistas e racistas ocorridas no continente europeu a partir dos anos 1980, que para muitos decorrerem das mudanças políticas e econômicas que incidiram sobre aquela região do globo. No chamado terceiro mundo, após a Segunda Guerra Mundial, com o fim oficial da dominação imperialista exercida pela Europa, o grande número de novas nações e a artificialidade das fronteiras, as manifestações e demandas por reconhecimento não têm sido menores.

Ao enfatizar a correlação positiva entre modernização e aumento de demanda por reconhecimento, os autores mencionados e outros analistas redimensionam a questão da desigualdade. Assim ela não é resultado exclusivo de um desenvolvimento concentrador e seletivo sob os prismas econômico-regional e financeiro-internacional, mas tem também como uma de suas bases a racialização das sociedades contemporâneas. Sociedades essas que enfrentam o "dilema", desde o século XIX, quando grupos étnicos e raciais buscaram incorporar-se à trama social, de experimentar o "drama" do convívio com a diferença representada, nesse caso, pelo binômio étnico-racial. As teses do branqueamento, da democracia racial, da assimilação e da metarraça buscaram, de alguma forma, equacionar essa situação. As opções sociais e políticas, contidas nessas alternativas, independentemente da latitude em que foram adotadas, possuíam dois pilares centrais, quais sejam: a recusa à diferença, representada pela convivência com indivíduos de fenótipo caracteristicamente negro, e o desejo do efetivo desaparecimento dessa população, seja em termos concretos (quantitativos), simbólicos (subalternidade), ou ambos.

Se a subalternização, inclusive com a utilização da violência não só simbólica, tem sido o principal caminho de resolução dos conflitos étnico-raciais, no interior dos Estados nacionais, por parte dos poderes constituídos, os indivíduos e grupos subalternizados que conseguem responder organizadamente aos efeitos perversos da subalternização têm lutado tanto por assegurar o direito de ter direitos, o que nos Estados democráticos, ou em vias de democratização, significa direitos de cidadania quanto pelo reconhecimento de suas especificidades, o que tem significado a luta pela manutenção, recriação, invenção da identidade real ou imaginária.

Em termos das instituições socializadoras, em especial a escola, as discussões entre os especialistas e gestores de políticas públicas transitam desde visões apocalípticas até aquelas que, ao (re)situarem a escola frente às profundas mudanças sociais que perpassam as mais diversas sociedades, lançam um olhar mais cuidadoso sobre as novas tensões que emergem no processo de socialização de crianças e jovens a partir da segunda metade do século XX.

A definição da socialização como o processo por meio do qual os seres humanos são compelidos a adotarem os padrões de comportamento, normas, regras e valores do seu mundo social é acompanhada da afirmação de que ela tem inicio na infância e se estende ao longo da vida. "A socialização é um processo de aprendizagem que se apoia, em parte, no ensino explícito e, também em parte, na aprendizagem latente – ou seja, na absorção inadvertida de formas consideradas evidentes de relacionamento com os outros" (BOTTOMORE; OUTWAITE, 1996, p. 711).

A socialização, portanto, pode ser pensada como o processo síntese de práticas pelas quais novos indivíduos são transformados em membros de sociedades existentes, como resultado da "educação" entendida como um subconjunto de práticas que têm como resultado tipos particulares de formação. "De forma ainda mais restrita, 'educação' é usada como sinônimo de escolaridade, isto é, uma medida institucional especifica para a transmissão de conhecimentos e habilidades, o desenvolvimento de competências e crenças" (BOTTOMORE; OUTWAITE, 1996, p. 233).

Os estudos sistemáticos sobre socialização datam do inicio do século XX e se concentraram na infância e na puberdade. "A sociologia, diferentemente da psicologia que enfatizou os processos de interação, especialmente, entre mãe e filho e da antropologia que se preocupou com os processos de transmissão da cultura em sociedades pequenas e relativamente homogêneas, focou as instituições e subculturas em sociedades complexas como agentes de socialização" (BOTTOMORE; OUTWAITE, 1996, p. 711).

Esses estudos, independentemente do tipo de sociedade, chegaram a algumas conclusões consensuais, como seguem: a) o grande poder da família na socialização primária como base de explicação das semelhanças no comportamento social entre pessoas expostas às mesmas práticas; b) a socialização primária está vinculada à formação da personalidade, mesmo em se tratando de processos conceitualmente distintos, isto é, os estudos sobre a socialização estão preocupados em conhecer a aquisição de padrões comuns, e os estudos sobre personalidade procurando as diferenças individuais; c) além da família entre as principais agências socializantes nas sociedades ocidentais encontram-se a escola, a exposição aos veículos de comunicação de massa e a participação na vida comunitária organizada (BOTTOMORE; OUTWAITE, 1996, p. 712).

A escola tem sido a instituição e o lugar físico de realização da pressuposição básica que permeou o pensamento social do século XX de que a socialização é o meio adequado de caracterizar o que transparece entre os novos indivíduos e suas sociedades e, também, que os indivíduos são maleáveis a um número indefinido de tipos de formação (BOTTOMORE; OUTWAITE, 1996, p. 712).

No entanto, os compromissos políticos de se estabelecer a igualdade de oportunidades, de tratamento e/ou de resultados têm demonstrado tanto as "falhas" no processo de socialização, que transparecem no sistema escolar na forma de desempenho diferencial entre indivíduos, grupos e/ou indivíduos pertencentes a um mesmo grupo étnico-racial, como inspirado inúmeros programas e projetos de pesquisa para se compreenderem por que origens (socais) e destinos (individuais) continuam obstinadamente ligados, apesar dos compromissos meritocráticos formais (BOTTOMORE; OUTWAITE, 1996, p. 233).

As explicações mais comuns para o desempenho diferencial dos indivíduos no sistema escolar podem ser classificadas como determinista, desmistificadora e voluntarista. Na primeira, há os que afirmam que os indivíduos diferem biologicamente em inteligência e/ou grupos (negros, mulheres, em contraste com brancos, homens). A outra explicação determinista é oriunda da vantagem ou peso da origem (classe, educação, status) da criança em sua formação social.

As explicações desmistificadoras indicam que as próprias escolas, enquanto instituições sociais, teriam dificuldades de manter um compromisso formal com a igualdade de oportunidades tanto pelo fato de seus operadores (gestores e professores) dispensarem um tratamento discriminatório, por exemplo, a meninos e meninas e a negros e brancos, como pelas exigências formais e informais praticadas pelos diferentes níveis de governo, diretores e pais.

As explicações deterministas e desmistificadoras assumem não apenas a plasticidade, como também a passividade do aluno e da escola. O que as aproxima da perspectiva durkheimiana, segundo a qual a educação, em seu sentido amplo, se relaciona com a ação exercida pelas gerações adultas sobre aquelas que ainda não estão maduras para a vida social e tem como objetivo suscitar e desenvolver na criança um certo número de estados físicos, intelectuais e morais exigidos dela e da sociedade política em seu conjunto e do meio especial ao qual ela está particularmente destinada.

Dessa forma, a perspectiva funcionalista representada nesse autor nos ensina que o processo de socialização em última análise tem por finalidade a integração social. De acordo com Boudon e Bourricaud (1982, p. 485 *apud* HAECHT, 2008, p. 127), a influente visão durkheimiana no limite chega ao sociologismo, isto é, trata a socialização como uma forma de domesticação pela qual o indivíduo jovem é levado a interiorizar normas, valores, atitudes e papéis.

Assim, as discussões contemporâneas estariam assentadas nas explicações voluntaristas as quais admitem que as crianças e os jovens são ativos na formação de seus próprios destinos e desde tenra idade têm suas próprias percepções quanto a suas origens e aspirações.

No texto clássico de Berger e Luckmann (1985) "A Construção Social da Realidade", os autores visualizam a sociedade como uma realidade ao mesmo tempo objetiva e subjetiva. Compreendida como um processo dialético entre exteriorização, objetivação e interiorização, os resultados desses momentos explicam tanto no plano individual quanto no plano societário as mudanças dos indivíduos e das sociedades. Dessa forma, o individuo "exterioriza seu próprio ser no mundo social e interioriza este último como realidade objetiva" (BERGER, LUCKMANN, 1985, p. 173).

Na perspectiva de Berger e Luckmann, é no processo de interiorização da sociedade pelo individuo que surge a discussão sobre identidade. Para eles, o individuo ao nascer ainda não é membro da sociedade; apenas possui uma predisposição para a sociabilidade. É com a socialização, vista por eles como um processo "ontogenético,[1] que tal predisposição se realizaria tornando os indivíduos membros da sociedade (REZENDE, 2007, p. 31). Para os autores, a biografia subjetiva não é completamente social, uma vez que a consciência do corpo se dá anterior e à parte de qualquer apreensão social dele (REZENDE, 2007, p. 31).

De acordo com Rezende (2007, p. 31),

> Berger e Luckmann oscilam entre uma visão processual da identidade e outra na qual esta se cristalizaria na idade adulta, articulando de forma coerente as socializações primária e secundária. Segundo os autores, a interiorização da sociedade e da identidade não se dá de forma completa nem acabada. Se na socialização primária não há problema de identificação, uma vez que não há escolha dos outros significativos, a socialização secundária põe em foco "submundos" institucionais, realidades parciais que podem não ser coerentes com a interiorização primária. Com isso, a identificação nessa segunda etapa pode ser pouco afetiva e se restringir ao necessário para a comunicação entre os indivíduos.

Duas questões importantes emergem da perspectiva de Berger e Luckmann e nos interessam mais proximamente: a) a quase impossibilidade da identidade como escolha e b) as situações de discordância entre as socializações primárias e secundárias.

No primeiro caso, os autores se referem àquelas sociedades nas quais existe uma divisão simples do trabalho. No segundo caso, a divisão social do trabalho complexa proporcionaria tanto uma diversidade de mundos acessíveis quanto uma possibilidade maior de discordância entre as socializações primárias e secundárias.

---

[1] O termo é relativo à ontogenia que biologicamente significa o processo de desenvolvimento de um indivíduo desde a concepção até a idade adulta.

Surge uma consciência maior da relatividade desses mundos, de tal modo que o individuo passa a se relacionar com eles como um "papel", podendo desligar-se deles. Subjetivamente, isso implica uma distinção entre representar e ser e na possibilidade de escolher, de certo modo, com qual desses mundos haverá uma relação de identificação (REZENDE, 2007, p. 32).

Na perspectiva de Hall, não se trataria de uma escolha limitada entre representar e ser; o problema estaria localizado na transformação social que sacode o mundo do fim do século XX, fragmentando as referências que possibilitavam uma sólida localização social dos indivíduos: a classe, o gênero, a sexualidade, a etnia, a raça e a nacionalidade (HALL, 1998).

Em relação às referências étnico-raciais, o Brasil que se autorrepresentou insistentemente para o mundo como uma democracia racial, a qual na prática significaria uma certa indistinção entre grupos raciais em função da ampla miscigenação, ao contrário da perspectiva de Hall, se vê internamente questionado tanto pelo movimento indígena quanto pelo movimento negro que querem ver suas especificidades não encobertas por um mito, qualquer que seja sua eficácia, mas valorizadas e reconhecidas como diversas e diferentes de outros grupos que formam o povo brasileiro.

Esses sujeitos coletivos, índios e negros, têm reivindicado mudanças na política educacional, nos conteúdos curriculares, uma vez que questionam a forma como são tratados (nos espaços escolares) e representados nos textos históricos e na literatura. O que tem inúmeras consequências no processo de ensino-aprendizagem, uma vez que a instituição escolar é organizada a partir de uma concepção homogênea e europeia da experiência humana, desprezando outras experiências e saberes e, finalmente, a política educacional, historicamente, tem se orientado pelas exigências do desenvolvimento econômico e menosprezado as mudanças culturais que atravessam as sociedades questionando a capacidade dos sistemas de ensino de responderem às necessidades das novas gerações em termos de socialização secundária.

Alguns dos impasses proporcionados pelas reivindicações do movimento negro no que tange à política curricular e ao papel desempenhado contemporaneamente pelos sistemas de ensino remontam ao conteúdo da crítica pós-colonial do legado iluminista moderno, por exemplo, em relação "à noção de uma razão e universalidade que não sejam qualificadas, o desenrolar progressivo da história, as ideias de soberania nacional, ou a integridade do sujeito com uma identidade própria que tem interesses específicos e auto-refletidos" (TORRES, 2003, p. 74).

O processo de redemocratização em curso no Brasil marca uma mudança significativa no tratamento da questão, agora étnico/racial negra, com o ressurgimento de reivindicações a partir de um movimento negro organizado em algumas das principais áreas urbanas do país. É desse período a publicação de trabalhos acadêmicos que questionavam, entre outros problemas, a existência de uma associação imediata e direta entre preconceito e escravidão, como legado histórico e mostravam como a discriminação racial era plenamente compatível com a ordem capitalista industrial.

Os estudos de Hasenbalg e Valle Silva, por exemplo, foram de grande importância por tratarem de três temas centrais no desenvolvimento econômico recente que permitem uma melhor compreensão do contexto brasileiro, a saber: "a) as rápidas mudanças na estrutura social ocorrida dentro dos limites de um modelo de modernização conservadora, isto é, um termo utilizado para conceituar o crescimento econômico do Brasil, no período do golpe militar de 1964, cuja intenção era manter o capital em mãos de empresários brasileiros, ou empresas estatais, com todos os custos sociais que são inerentes àquela opção; b) a reordenação dos perfis de estratificação e os processos decorrentes de mobilidade social, que coexistem com fortes desigualdades[2] distributivas e persistente pobreza;[3] e c) o papel desempenhado pelas diferenciações raciais na alocação de posições na estrutura social" (HASENBALG, VALLE SILVA, 1988, p. 9).

---

[2] Em linhas gerais, as desigualdades entre negros e brancos no Brasil resultam das disparidades na distribuição regional, qualificação educacional e estrutura de emprego que determina distinções na distribuição de renda (IPEA, 2005).

[3] Na prática a pobreza é associada à insuficiência de renda. Quando a soma dos rendimentos de um indivíduo, ou de sua família, é insuficiente para satisfazer as necessidades básicas de alimentação, transporte, moradia, saúde e educação, ele ou ela encontra-se em situação de pobreza (IPEA, 2005).

Em relação à diferenciação racial, os autores realizam uma avaliação crítica das teorias que postulam a incompatibilidade entre racismo e industrialização e que explicam as desigualdades raciais do presente como um legado da escravidão e, ao mesmo tempo, demonstram que as desigualdades raciais devem ser atribuídas "à discriminação racial e à segregação geográfica dos grupos raciais, condicionada inicialmente pelo regime escravista e reforçada depois pela política oficial de promoção da imigração europeia para o sudeste do país" (HASENBALG, VALLE SILVA, 1988, p. 10).

As duas principais conclusões desses estudos são as seguintes: 1) a superação das desigualdades raciais, com a consequente mobilidade ascensional dos negros, só se dará pela implementação de políticas de promoção diferencial que eliminem os mecanismos discriminatórios presentes no cotidiano nacional; 2) a experiência brasileira contradiz uma proposição básica da chamada "tese do industrialismo", segundo a qual o crescimento industrial produz um aumento da fluidez social.

Quando olhadas em perspectiva histórica, as conclusões de Hasenbalg e Valle Silva exigem uma melhor compreensão do significado da modernização conservadora e seu impacto na constituição do lugar das políticas sociais no processo de desenvolvimento econômico que se instaura no país a partir do primeiro governo de Getúlio Vargas.

Esses estudos mostravam, também, que os indicadores de renda e educacionais de pretos e pardos eram similares, permitindo o agrupamento desses dois segmentos em uma única categoria de análise "negro", que passou a ser assumida nas políticas públicas.

Alguns indicadores sobre desigualdades entre negros e brancos

Os indicadores de desigualdades usados com maior frequência, pelos órgãos governamentais e analistas em geral, são aqueles relacionados às políticas públicas redistributivas indiretas como, por exemplo, educação, mais precisamente a mensuração das distâncias educacionais, em termos da diferença de anos de escolarização entre negros e brancos, aparecem usualmente para demonstrar as iniquidades sociais do país.

É importante ressaltar que esse foco na educação está associado ao fato de que as perspectivas analíticas, embora variem nas respostas, mostram que cada ano de acréscimo de escolarização representa 10% de aumento na renda de um individuo no Brasil. Assim, a Tab. 1 tem por objetivo mostrar a centralidade da política educacional tanto na explicação dos diferenciais de renda, entre negros e brancos, quanto da efetiva contribuição da discriminação racial na manutenção desses diferenciais enquanto o país permanecer exclusivamente com políticas universais.

Tabela 1 – Velocidades de redução de taxas de desigualdades entre negros e brancos – 1995-2005

Tipo de desigualdade	Diferença em anos de escolarização desfavorável aos negros		Projeção de igualdade em anos
Educacional			
Período	1995	2005	
Jovens e adultos > 14 anos	2,1 anos	1,8 anos	67 anos
Jovens e adultos de 15 a 24 anos	1,9 anos	1,5 anos	40 anos
Emprego e renda			
Rendimento per capta	Diferença de rendimentos desfavorável aos negros		Projeção de igualdade em anos
Período	1995	2005	
Brancos	582,00	590,00	
Negros	245,00	270,00	
	58 %	54,3%	+ de 100 anos
Pobreza	Percentual de negros e brancos abaixo da linha da pobreza		Projeção de saída da linha da pobreza em anos

Período	1995	2005	
Brancos	25,6	22,9	
Negros	53,4	46,3	65 anos

Fonte: IPEA, 2007 – síntese do autor.

As pesquisas quantitativas têm demonstrado o afunilamento e a exclusão; em 2004, 6 milhões de crianças cursaram a 1ª série do fundamental, mas apenas 2,8 milhões concluíram a 8ª série (46,1%) e somente 1,6 milhão (26,6% do total) de jovens terminaram o ensino médio. Outro dado importante é que na 1ª série do fundamental cerca de 2/3 da turma vêm dos segmentos mais pobres. Já no ensino superior o percentual de pobres é inferior a 5% (Estado da Nação, 2006, p. 130). Uma das conclusões que se pode tirar desses estudos é que, como a maioria da população negra é pobre, ela fica majoritariamente retida no ensino fundamental.

Em geral, as desigualdades entre negros e brancos, no Brasil, resultam de disparidades distributivas regionais, qualificação educacional e estrutura de empregos a qual determina distinções na distribuição da renda. Normalmente, a pobreza está relacionada com a insuficiência de renda. Quando a renda pessoal ou a renda familiar não é suficiente para satisfazer necessidades básicas ele ou ela está em situação de pobreza (IPEA, 2005).

A Tab. 1 demonstra que, mantidas a velocidade das taxas de redução das desigualdades entre negros e brancos, entre 1995 e 2005, e considerando que a educação respondesse as necessidades de formação, com a qualidade exigida pela sociedade, para que todos os jovens e adultos concluíssem os níveis educacionais com sucesso, os negros demorariam de 40 a 67 anos para se igualarem, em termos de anos de escolarização média, aos brancos e mais de 100 anos para atingirem os mesmos níveis salariais. Em relação à linha de pobreza, os indicadores de presença da população negra, nos últimos 10 anos, são mais que o dobro dos da população branca. Assim, ao se manter a velocidade do período acima mencionado, os negros demorariam 65 anos para saírem daquela condição.

Os estudos tendem a subsumir a questão étnico-racial à condição socioeconômica, concluindo que bastaria atuar sobre os fatores econômicos das desigualdades (distribuição regional, qualificação educacional e estrutura de empregos) para que os indicadores dos diferenciais entre negros e brancos tendessem à convergência. Dito de outra forma, com a universalização e garantia de educação básica de qualidade, a clivagem étnico-racial não teria qualquer impacto na realidade social.

O Instituto de Pesquisa Econômica Aplicada (IPEA), ao decompor os diferenciais de rendimento, entre 1995 e 2005, conseguiu separar os percentuais dos diferenciais salariais, entre brancos e negros, que estão relacionados ao efeito da discriminação racial e às diferenças de educação formal. Conforme a tabela a seguir, no indicador que pode ser chamado de termo de discriminação, o pressuposto é que ambos os grupos teriam os mesmos níveis educacionais. Já o segundo indicador é composto das diferenças de formação, em termos de educação formal.

Tabela 2 – Decomposição dos diferenciais de rendimento entre brancos e negros – 1995/2001/2005 (Em %)

Ano	Termo de discriminação	Diferenças de formação
2005	40,1	59,9
2001	41,4	58,6
1995	41,7	58,3

Fonte: IPEA, 2007 (Base Pnads 1995/2001/2005).

Entre 1995 e 2005, a diferença salarial entre negros e brancos desfavorável aos negros, quando decomposta, mostrava que as diferenças de formação (escolarização), e a discriminação racial e o racismo respondiam, respectivamente, por 59% e 41%. Nos 10 anos observados houve uma pequena diminuição de 1,6% do impacto do termo de discriminação na composição das diferenças salariais entre negros e brancos.

De acordo com o IPEA, a melhor medida unidimensional de bem-estar é a renda. Assim, por exemplo, uma política educacional de qualidade pode atuar, simultaneamente, na redução do peso relativo tanto da discriminação racial quanto das diferenças de formação nos diferenciais de rendimento de negros e brancos.

Em relação ao desemprego, o impacto da escolarização também é excepcional; em 2002 um individuo, cursando o ensino médio, tinha 17,6% de probabilidade de estar desempregado e, caso tivesse cursando o superior, a probabilidade caía para 5,4% (*Educação & Conjuntura*, 2004, 4; IPEA, 2006, 121-228).

Em síntese, de acordo com o estudo *Brasil: o estado de uma nação* (IPEA, 2006), nos últimos 50 anos de expansão do ensino no país, os acertos são maiores que os erros, mas a correção dos erros será determinante para o encontro do país com um tipo de crescimento que possa corrigir as desigualdades.

Os estudos observam, também, que na atual fase do desenvolvimento brasileiro foram criados os mais variados filtros para o progresso individual por meio da escolaridade e que, portanto, os caminhos para o sucesso individual vão ficando cada vez mais estreitos. Assim, cresce a consciência de que a educação é tanto um fator de mobilidade – para os que a têm – quanto de imobilidade – para os que não a têm.

O argumento pressupõe que as autoridades governamentais brasileiras não estão totalmente convencidas da importância nuclear da educação de qualidade para o processo de crescimento e desenvolvimento do país.

De acordo com Balbachevsky (2005), os anos 1990 foram marcados por profundas mudanças na economia as quais tiveram forte impacto no sistema de educação do país. Tais mudanças, oriundas das pressões da opinião pública, ocasionaram o afastamento de uma perspectiva até então dominante que priorizava a formação de uma elite intelectual científica, e ganhou força uma perspectiva que valoriza políticas voltadas à qualificação geral da força de trabalho. Essa mudança de perspectiva tendeu a valorizar a graduação e o desenvolvimento das competências dos estudantes que são exigidas pelo mercado de trabalho, por exemplo, entendimento básico de matemática. É, também, a partir desse período, que se intensificaram as reivindicações e lutas concretas dos setores organizados, por inclusão com equidade e justiça social.

As ações afirmativas trouxeram para o centro do debate público, por exemplo, as disparidades no acesso ao ensino superior de qualidade, normalmente, mas não exclusivamente público, entre brancos e não brancos (negros e indígenas). Esse processo, além de desencadear um amplo debate nacional em torno do direito ao acesso ao ensino superior, também lançou novas luzes sobre a eficácia e (re)significações das doutrinas racistas no Brasil contemporâneo. A questão presente nos inúmeros debates é a seguinte: Por que o foco tem recaído sobre o ensino superior?

Porque, segundo Braga, há uma "impressionante similaridade entre o perfil dos estudantes do ensino médio privado e do ensino superior público". De acordo com um estudo da Hoper Educacional, há uma taxa de transferência da ordem de 90% de alunos do ensino médio particular para o superior (BRAGA, 2004; *Estado da Nação*, 2006, p. 153). O mesmo ocorre com o ensino superior privado onde 70% dos seus estudantes pertencem ao segmento dos 20% mais ricos.

O debate brasileiro sobre educação tem avançado substantivamente desde a última década do século XX, em especial em relação ao impacto dessa sobre a economia e o desenvolvimento. No entanto, o início do século XXI tem sido marcado por uma ampla reivindicação dos setores organizados, por inclusão, com equidade e justiça social.

Na dimensão econômica, as propostas de ação afirmativa (ou de cotas para negros e indígenas) repõem para o debate público e acadêmico as implicações sociais da desconsideração da influência das características adscritas, tais como sexo e raça, na distribuição de oportunidades sociais e na manutenção e reprodução de padrões de desigualdade. Denuncia-se que a proposição básica da "tese do industrialismo", segundo a qual o crescimento industrial produz um aumento da fluidez social, a qual não se realizou no Brasil. Ao contrário, a rigidez e a perpetuação das desigualdades entre brancos e não brancos, e entre mulheres e homens, nos remete de pronto a analisar a eficácia dos mecanismos de reprodução da desigualdade social no que diz respeito às suas origens e fatores condicionantes.

Na dimensão simbólica, as políticas de ação afirmativa respondem à demanda por reconhecimento articulada pelos movimentos sociais não tradicionais, isto é, que têm por fundamento uma identidade cultural. Tendo em conta que o étnico e o nacional são fenômenos da mesma natureza, ainda que de diferente magnitude, uma concepção ampliada e histórica da diversidade pode articular todas as diferenças – incluídas as étnicas – e promovê-las com maior dignidade. Assim, os sistemas educativos formais, cuja tendência tem sido a de privilegiar o acesso a um tipo de conhecimento em detrimento de outros, estão desafiados a conceberem a educação de forma mais ampla, seja ao procederem reformas educativas ou ao elaborarem propostas curriculares.

No primeiro caso, a superação da injustiça econômica requer uma lógica em que não haja lugar para diferenciação hierárquica grupal, pois nenhum grupo admite ser mais explorado do que outro (FRASER, 1997). No segundo caso, a injustiça simbólica demanda uma lógica para sua superação, na qual é central o processo de diferenciação grupal.

A emergência dos movimentos sociais de mulheres, índios, negros, por exemplo, não deixa de ser um dos principais indicadores de que esses grupos, e, consequentemente, dos indivíduos a eles pertencentes, sofrem com o que podemos denominar de um déficit de cidadania em suas sociedades. Isso tem estimulado tanto a ampliação de suas organizações por demandas específicas quanto, em vários Estados nacionais, mudanças da matriz de políticas públicas ao se reconhecer que tais grupos precisam ser tratados desigualmente para atingir a tão reivindicada igualdade de tratamento nas várias esferas da vida social (SILVÉRIO, 2006, p. 7). No Brasil, o movimento negro tem insistido na necessidade de mudanças estruturais na política educacional brasileira como forma de reconstituição do pacto social.

A política de discriminação positiva na educação abre um caminho possível para as sociedades contemporâneas aprofundarem variados processos de democratização com inclusão social. Existem vários grupos elegíveis para uma política de discriminação positiva. Na prática, no entanto, tais políticas quase sempre estão orientadas para membros de um grupo identitário (ou grupo que assume uma identidade étnica e ou racial), isto é, um grupo que é definido em termos de características que não são matéria de escolhas voluntárias, geralmente determinadas pelo nascimento e raramente alteradas ou alteráveis.

Dessa forma, a luta pelo acesso à educação escolar formal como bandeira histórica da população negra é retomada não mais no plano da denúncia ou de iniciativas isoladas, mas com o propósito de questionar a própria atuação do Estado, em seus diferentes níveis, a partir de uma revisão ampla da forma como os negros aparecem e, ainda hoje, aparecem retratados na história do Brasil.

Os questionamentos transitam desde a imagem retratada nos livros didáticos, passando pelos termos pejorativos presentes nos textos, chegando aos conteúdos ministrados nos cursos de formação de professores e, de forma mais ampla, se dirigem à exigência de uma mudança radical na estrutura curricular dos cursos em todos os níveis, modalidades e etapas do ensino que desconsideram ou simplesmente omitem a participação africana e afro-brasileira na construção do conhecimento em diferentes áreas das ciências. A aprovação da Lei nº 10.639,[4] em 09 de janeiro de 2003, como a primeira do governo Lula tem propiciado um amplo debate sobre o lugar ocupado pela educação, entendida como escolarização, e a escola no cerceamento das oportunidades das crianças e jovens negros por dois tipos de obstáculos: os obstáculos socioeconômicos e os obstáculos que o não tratamento da diversidade/diferença de pertencimento étnico-racial representaria para crianças e jovens no interior da instituição escolar.

A Lei nº 10.639/2003 pode ser considerada um ponto de chegada de uma luta histórica da população negra para se ver retratada na história do país com o mesmo valor dos outros povos que para aqui vieram e, ao mesmo tempo, um ponto de partida para uma mudança social que tenha no seu horizonte a efetiva incorporação daqueles que foram construídos como diferentes. Na política educacional, a implementação da Lei nº 10.639/2003 significa uma ruptura profunda com um tipo de postura pedagógica que não reconhece as diferenças resultantes do nosso processo de formação nacional. Para além do impacto positivo junto à população negra, a implementação da Lei nº 10.639/2003 deve ser encarada como desafio fundamental do conjunto das políticas que visam à melhoria da qualidade da educação brasileira para todos e todas.

A discussão política, ao nos remeter ao sistema ensino, permite que esse possa ser pensado em pelo menos duas dimensões como

---

[4] A Lei nº 10.639/2003 torna obrigatório o ensino de História e Cultura afro-brasileira na educação básica e foi regulamentada por meio da Resolução nº 1, de 17 de junho de 2004, do Conselho Nacional de Educação, que instituiu as Diretrizes Curriculares Nacionais para a Educação das Relações Étnico-Raciais e para o Ensino de História e Cultura Afro-Brasileira e Africana.

segue: a dimensão administrativa, na qual se observa que os diferentes níveis e modalidades educacionais estão sob responsabilidade de diferentes entes federados (município, estado e união) e a dimensão da política curricular.

Assim, as variações na política educacional, com base nas pressões sociais, permitem compreender e analisar os limites tanto da dimensão administrativa que, no caso brasileiro, significa observar quais são as especificidades de cada ente e, também, quais as dificuldades de funcionamento do regime de colaboração entre os entes federados quanto à dimensão da política curricular, a qual pode desvendar os valores culturais representados na forma de conteúdos presentes no currículo escolar. Assim, há que se recorrer ao debate sociológico em sua consideração contemporânea do papel da escola enquanto o lugar da socialização secundária, isto é, como interiorização de "submundos institucionais" (HAECHT, 2008, p. 103).

Na escola enquanto um dos "submundos institucionais", os principais questionamentos podem ser dirigidos à dimensão da política curricular, na qual se vislumbra, de uma forma esquemática, uma tensão entre duas visões sobre o processo de ensino/aprendizagem: a perspectiva cognitiva e a perspectiva cultural.

No primeiro caso, a ação pedagógica deve incidir sobre a aprendizagem de conteúdos tidos como universais que estão na base da formação dos indivíduos independentemente de sua pertença grupal. No segundo caso, a ação pedagógica tem como matéria-prima os conteúdos presentes na própria cultura, e subculturas, de um dado contexto social.

A análise de alguns artigos apresentados na Associação Nacional de Educação,[5] no período de 1993 a 2001, no Grupo de Trabalho Movimentos Sociais e Educação e a partir de 2002, nos Grupos de Trabalho Relações Étnicas/Raciais e Educação e no Grupo de Trabalho Afro-Brasileiros e Educação podem demonstrar como a tensão acima descrita tem sido objeto de reflexão teórica.

---

[5] Nota-se o fato de que dentre os artigos componentes do banco de dados do referido projeto alguns não foram citados no corpo deste artigo devido à similaridade de temáticas.

Interessa notar que, por se tratar de um Grupo de Trabalho intitulado Movimentos Sociais, foram publicados artigos referentes a diferentes grupos; dentre os 90 artigos arrolados entre 1993 e 2001, apenas 10 referem-se à temática Étnico-Racial.

Os artigos apresentados recorrem ao papel da instituição escolar na socialização do negro, na construção de sua identidade. Os autores buscam discutir questões relacionadas a temas como: miscigenação, fracasso escolar, evasão escolar, currículo, formação de professores, instituição escolar, material didático. A perspectiva analítica adotada visa quase sempre qualificar as adequações e as inadequações dos sistemas de valores veiculados no espaço escolar na sua relação com a construção de referências, a construção de uma identidade negra positiva.

A instituição escolar, ao se construir como um espaço democrático (BANDEIRA, 1993, p. 68), suscita desafios ao modelo educacional instituído enquanto percepções da diversidade discente. Nesse sentido, é possível notar que a discriminação racial, enquanto estratégia de exclusão do aluno/a negro/a no espaço escolar, no contexto de democratização da educação, responde a categorias instituídas segundo o imaginário social que atribui aos alunos/as negros/as "uma incapacidade intelectual", a qual discursivamente se esconde nas diferenças econômicas.

O espaço escolar, como espaço de socialização, de divulgação do conhecimento, informação e transmissão para os jovens negros é trabalhado nos artigos analisados, seja pela ênfase na instituição escolar, seja por via da construção da representação do negro.

Gomes (1996) observa que somente a aproximação do ambiente escolar às necessidades expressas pela comunidade negra poderá alterar o atual quadro de insatisfação entre professores e alunos. Logo, a instituição escolar é analisada pela autora como espaço de construção e afirmação da identidade racial de jovens negros, como espaço de compreensão da diversidade étnico-cultural e de respeito ao diferente como postura político-profissional.

Nesse sentido, para Silva (1999), as representações sociais negativas sobre o negro podem ser alteradas no processo educacional, no currículo e materiais pedagógicos o que na prática representa mais pesquisas e publicações. No entanto, as mudanças nas representações devem ser discutidas sobretudo pelos sujeitos participantes do processo ensino-aprendizagem com base nas ações e nas práticas já consagradas no processo educacional e no contexto normativo da sociedade.

A temática da miscigenação não deixou de perpassar as discussões referentes à educação e à identidade dos sujeitos negros na sociedade moderna ocidental, no caso do Brasil, por meio do mito da democracia racial. O questionamento da democracia racial (SILVEIRA, 1999), se realiza no processo de desmistificação do currículo enquanto textos que perpassam o espaço escolar, construindo a sociedade brasileira a partir da inexistência do conflito étnico-racial.

A ideologia da democracia racial encobre como a aparência define o lugar dos sujeitos, e dos grupos, no interior da sociedade brasileira, ou seja, esses são classificados, hierarquizados e definidos através das marcas dos seus corpos e ideais instituídos socialmente segundo padrões e normas instituídas por meio das várias mídias.

Para Gomes (2002), por exemplo, os elementos descritivos do corpo, o cabelo, a cor da pele, o nariz, a boca, a presença da vagina ou do pênis, quando são significados pela cultura, se tornam marcas de raça, gênero, etnia, classe e nacionalidade. As marcas são distintivas e constitutivas do poder, isto é, definem o lugar social dos sujeitos.

Os artigos analisados permitem a compreensão da inadequação do currículo, caracterizando, de forma embrionária, como o fracasso das crianças negras resulta de uma trajetória escolar relacionada ao apagamento das diferenças, à exclusão e da negação de sua especificidade identitária. Aponta ainda para a necessidade de formação de professores capacitados ao ensino da temática étnico-racial. Em última instância, a escola corroboraria com a percepção, no mínimo questionável, de que as identidades são fixas e padronizadas.

Assim, no âmbito da teoria e da prática pedagógica, caberia reconhecer que a escola tem muita dificuldade em tratar a diversidade cultural enquanto um valor e que, portanto, a ausência desse tratamento deveria ser ponto de partida de qualquer discussão sobre desenvolvimento educacional, sobretudo a necessidade tão urgente de mudanças curriculares profundas que atendam as transformações nos âmbitos social, político e cultural que os brasileiros em geral, e os negros em especial, reclamam para uma nova fase de socialização na qual as diferenças não sejam obstáculos ao bom desempenho acadêmico de qualquer grupo.

Referências

ANDRADE, Fabrício F. de Zimmermann. *Desenvolvimento social e proteção social: o que existe de convergência?*, 2008. Mimeografado.

ARRETCHE, Marta. *Estado Federativo e Políticas Sociais: determinantes da descentralização*. São Paulo: Revan/FAPESP, 2000.

ASSIS, Marta Diniz Paulo; CANEN, Ana. Identidade negra e espaço educacional: vozes, histórias e contribuições do multiculturalismo, *Caderno de Pesquisas*, set./dez. 2004, v. 34, n. 123, p. 709-724.

ASSOCIAÇÃO NACIONAL DE PÓS-GRADUAÇÃO E PESQUISA EM EDUCAÇÃO (ANPED). 2002. *Anped 25 anos – Cd-ROM Comemorativo*. Rio de Janeiro, CD-ROM.

BALBACHEVSKY, E. A pós-graduação no Brasil: novos desafios para uma política bem sucedida. In: SCHWARTZMAN, S.; BROCK (Orgs). *Os desafios da educação no Brasil*. Rio de Janeiro: Nova Fronteira, 2005.

BANDEIRA, Maria de Lourdes. *Movimento negro e democratização da educação*. Artigo apresentado na Associação Nacional de Pós-Graduação em Educação, Grupo de Trabalho: Movimentos Sociais e Educação, 1993.

BELIK, Walter; GROSSI, Mauro Del. *O programa fome zero no contexto das políticas sociais no Brasil*. Texto preparado para o painel "Políticas de Combate à Pobreza: Segurança Alimentar, Nutrição, Renda Mínima e Ganhos de Produtividade na Agricultura" realizado no dia 30 de julho de 2003 no XLI Congresso da SOBER em Juiz de Fora.

BOBBIO, Norberto. *A era dos direitos*. Rio de Janeiro: Campus, 1992. 217p.

BOBBIO, Norberto. *Liberalismo e democracia*. São Paulo: Brasiliense, 1988.

BOTTOMORE, T.; OUTHWAITE. *Dicionário do pensamento social do século XX*. Rio de Janeiro: Jorge Zahar, 1996.

BRAGA, R. Mercado da educação no Brasil: cenários e previsões. Idealinvest, 2003. Disponível em: <http://www.idealinvest.com.br/historia.shtml>.

BRAGA, R., CM CONSULTORIA. Como o estudante escolhe a sua faculdade. Linha Direta, 2004. Disponível: <http://www.estadao.com.br/educando/noticias/2004/ago/04/26.htm>.

BRAGA, R.; MONTEIRO, C. O mercado da educação superior particular no Brasil. *@prender Virtual*, maio/jun. 2003.

BRAGA, R.; MONTEIRO, C. *Análise setorial do ensino superior privado no Brasil: tendências e perspectivas 2005-2010*. Vila Velha: Hoper, 2006. (cap. 7).

BRAH, A. Diferença, diversidade, diferenciação. *Cadernos Pagu* (26), jan./jun. 2006, p. 329-376.

BRANDÃO, Zaia. A dialética micro/macro na sociologia da educação. *Caderno de Pesquisas* n. 113, São Paulo, Jul. 2001.

BRASIL. *Constituição da República Federativa do Brasil*. Promulgada em 5 de outubro de 1988. Brasília: Senado Federal, 1988.

BRASIL. Secretaria de Educação Fundamental. *Parâmetros curriculares nacionais: terceiro e quarto ciclos: apresentação dos temas transversais* / Secretaria de Educação Fundamental. – Brasília: MEC/SEF, 1998.

CANEN, Ana; ARBACHE, Ana Paula; FRANCO. *Pesquisando Multiculturalismo e Educação: O que dizem as dissertações e teses*. Artigo apresentado na Associação Nacional de Pós-Graduação em Educação, Grupo de Trabalho: Currículo. 2001.

CARVALHO, José Murilo. *Cidadania no Brasil: um longo caminho*. Rio de Janeiro: Civilização Brasileira, 2001.

CONNOR, Walker. Nation-building or nation-destroying? *World politics*, Princeton, v. XXIV, n. 3, p. 319-355, 1972.

CURY, Vânia M.; FILHO, Almir P. F. Instituições, agentes sociais e desenvolvimento econômico: Rio de Janeiro, 1890-1945. *Revista Estudos do Século XX* – Empresas e Empresários. Publicação do Centro de Estudos Interdisciplinares do Século XX. Coimbra, Portugal, 2004.

DEFOURNY, Vincent. Palestra sobre a Convenção para a Proteção e Promoção da Diversidade das Expressões Culturais. Seminário Brasil – Canadá sobre a Diversidade Cultural – Brasília, 27 de março de 2007.

EDUCAÇÃO& CONJUNTURA. Empregabilidade do jovem brasileiro, set. 2004.

FERNANDES, A. S. A. *Políticas públicas: definição, evolução e o Caso Brasileiro*. s/d. Mimeografado.

FERNANDES, Florestan. *A integração do negro na sociedade de classes*. 3. ed. São Paulo: Ed. Perspectiva, 1977.

GOMES, Nilma Lino. *Os jovens rappers e a escola: a construção da resistência*. Artigo apresentado na Associação Nacional de Pós-Graduação em Educação, Grupo de Trabalho "Movimentos Sociais e Educação", 1996.

GOMES, Nilma Lino. *Trajetórias escolares, corpo negro e cabelo crespo: reprodução de estereótipos e/ou ressignificação cultural?*. Artigo apresentado na Associação Nacional de Pós-Graduação em Educação, Grupo de Trabalho: Relações Raciais/ Étnicas e Educação, 2002.

GOMES, Nilma Lino. Diversidade cultural, currículo e questão racial: desafios para a prática pedagógica. In: ABRAMOWICZ, Anete; BARBOSA, Lúcia Maria de Assunção; SILVÉRIO, Valter (Orgs). *Educação como Prática da Diferença*. Campinas: Armazém do Ipê (Autores Associados), 2006.

GONÇALVES, Luiz Alberto Oliveira; SILVA, Petronilha Beatriz Gonçalves e. Multiculturalismo e educação: do protesto de rua a propostas e políticas. *Educação e Pesquisa.*, jan./jun. 2003, v. 29, n. 1, p. 109-123.

GUIMARÃES, A.S. A; Macedo, Márcio. Diário Trabalhista e Democracia Racial Negra dos Anos 1940. DADOS – *Revista de Ciências Sociais*, Rio de Janeiro, v. 51, n. 1, 2008, p. 143-182.

HAETCH, Anne Van. *Sociologia da educação: a escola posta a prova*. Porto Alegre: Artmed, 2006.

HALL, Stuart. *Da diáspora: identidades e mediações culturais*. Belo Horizonte, UFMG.

HALL, Stuart. *A identidade cultural na pós-modernidade*. 10. ed. Rio de Janeiro: DP&A, 2005.

IPEA. *Políticas sociais: acompanhamento e análise* (1995-2005). Edição Especial, n. 13, 2007.

IPEA. *Brasil: o estado da nação*. Brasília: IPEA, 2005

IPEA. *Brasil: o estado da nação*. Brasília: IPEA, 2006.

KRISCHKE, Paulo. Governo Lula: políticas de reconhecimento e de redistribuição. *Cadernos de Pesquisa Interdisciplinar em Ciências Humanas*, n. 47, out. 2003.

LAMOUNIER, Bolívar. *Análise de políticas públicas: quadro teórico-metodológico de referência*. Mimeografado. São Paulo, s.d.

LOURO, Guacira Lopes. *Um corpo estranho. Ensaios sobre sexualidade e teoria queer*. Belo Horizonte: Autêntica 2004.

LOURO, Guacira Lopes. Teoria queer – uma política pós-identitária para a educação. *Revista de Estudos Feministas*. v. 9, n. 2, Florianópolis, 2001.

LOWI, Theodore. American Business, Public Policy, Case-Studies and Political Theory. *World Politics*, v. XVI, n. 4, 1964.

LYMAN, S. M; VIDICH, A. J. *Selected works of Herbert Blumer: A public philosophy for mass society*. Fayetteville: University of Arkansas Press, 1988.

MARSHALL, T. H. *Cidadania, classe social e status*. Rio de Janeiro: Zahar, 1967.

MELO, Marcus André B. C. "Anatomia do Fracasso: Intermediação de Interesses e reforma da Política Social na Nova República". *Dados – Revista de Ciências Sociais*, Rio de Janeiro, v. 36, n. 3, p. 119-164, 1993.

MISKOLCI, Richard. Um corpo estranho na sala de aula. In: ABRAMOWICZ, Anete; SILVÉRIO, Valter. *Afirmando Diferenças*. Campinas: Papirus, 2005.

PAES DE BARROS, Ricardo. Desigualdade e Pobreza no Brasil: retrato de uma estabilidade inaceitável. *Revista Brasileira de Ciências Sociais*, v. 15, n. 42, fev. 2000, p. 122-142.

RESOLUÇÃO 3/2004 e Parecer Conselho Nacional de Educação/Conselho Pleno 001/2004.

RODRIGUES, Tatiane Consentino. *Movimento negro no cenário brasileiro: embate e contribuições à política educacional nas décadas de 1980-1990*. Dissertação (Mestrado em Sociologia), Universidade Federal de São Carlos, 2005.

SANTOS, Wanderley Guilherme. *Cidadania e Justiça. A política social na ordem brasileira.* Rio de Janeiro: Campus, 1979.

SILVA, Ana Célia da. *As transformações da representação social do negro no livro didático e seus determinantes.* Artigo apresentado na Associação Nacional de Pós-Graduação em Educação, Grupo de Trabalho: Movimentos Sociais e Educação, 1999.

SILVA, Petronilha Beatriz Gonçalves. *Movimento negro, educação e produção do conhecimento de interesse dos afro-brasileiros.* Artigo apresentado na Associação Nacional de Pós-Graduação em Educação, Grupo de Trabalho: Movimentos Sociais e Educação, 1995.

SILVÉRIO, Valter R. Affirmative action in the United States and India: a comparative perspective. Tempo Social. *Revista de Sociologia da USP*, v. 18, p. 307-312, 2006.

SILVÉRIO, Valter Roberto. Ação afirmativa e o combate ao racismo institucional no Brasil. *Caderno Pesquisas*. n. 117, São Paulo, nov. 2002.

SISS, Ahyas. *Educação, cidadania e multiculturalismo.* Artigo apresentado na Associação Nacional de Pós-Graduação em Educação, Grupo de Trabalho: Afro-Brasileiros e Educação, 2003.

SILVEIRA, Marly. *Pluralidade cultural ou atualidade do mito da democracia?* Artigo apresentado na Associação Nacional de Pós-Graduação em Educação, Grupo de Trabalho: Movimentos Sociais e Educação, 1999.

SOUSA, Karina Almeida. *Educação e questão étnico-racial na pós-redemocratização: Uma análise das associações ANPOCS e ANPED.* Relatório Parcial apresentado como requisito à Iniciação Científica CNPq/PIBIC, UFSCAR, Maio 2008.

SOUZA, Marcelo Gustavo Andrade de. *Diferença e tolerância: por uma teoria multicultural de Educação.* Artigo apresentado na Associação Nacional de Pós-Graduação em Educação, Grupo de Trabalho: Sociologia da Educação. 2002.

TEIXEIRA, Sonia F. Política social e democracia: reflexões sobre o legado da seguridade social. *Cadernos de Saúde Pública*, R. J, v. 1, n. 4, p. 400-417, out./dez., 1985.

VARGAS, Getúlio. *A nova política do Brasil*. Rio de Janeiro: José Olympio, 1938-947, v. 11.

VÁRIOS; *Diretrizes curriculares nacionais para a educação das relações étnico-raciais e para o ensino de história e cultura afro-brasileira e africana.* Secretaria Especial de Políticas de Promoção da Igualdade Racial; Ministério da Educação 2004.

VELLOSO, Carlos M. S. Dos direitos sociais na constituição do Brasil. Texto básico de palestra proferida em Madri, Espanha, na Universidade Carlos III, sob o patrocínio desta e da ANAMATRA – *Associação Nacional dos Magistrados do Trabalho*, 2003. Mimeografado.

VIANNA, M.L. Teixeira. *Em torno do conceito de política social: notas introdutórias.* 2002. Mimeografado.

Sobre os autores

Anete Abramowicz – Doutora em educação pela UNICAMP, Professora Associada da Universidade Federal de São Carlos, Docente da Pós-Graduação em Educação e Sociologia da UFSCar. Atua nas áreas das relações etárias, de gênero, étnico-raciais na perspectiva da diferença. Atualmente desenvolve o projeto de pesquisa intitulado: Infância e diferença: educação e políticas públicas na Université Paris-Descartes no laboratório de pesquisa CERLIS (Centre de Recherche sur les Liens Sociaux) em Paris. (bolsa de pós-doutorado no exterior/CNPq)

Fabiana de Oliveira – Graduada em Pedagogia pela Universidade Federal de São Carlos (2001), mestre em Educação pela Universidade Federal de São Carlos (2004), doutora sanduíche em Sociologia da Infância pela Universidade do Minho (2007) e doutora em Educação pela Universidade Federal de São Carlos (2008). Atualmente é professora assistente da Universidade do Estado do Pará.

Fernanda Silva de Oliveira – Graduada em Pedagogia pela Universidade Federal de Minas Gerais (2007), mestranda em educação pelo Programa de Pós-Graduação Conhecimento e Inclusão Social – FAE/UFMG (2008-2010). É membro do Programa Ações Afirmativas na UFMG e do Programa Observatório da Juventude da UFMG, além de participar do NERA/UFMG, Núcleo de Estudos sobre Relações Raciais e Ações Afirmativas. Participou como bolsista de iniciação científica da pesquisa "Formando Professores/as da Educação Básica para a Diversidade" (PIBIC/CNPq).

Fúlvia Rosemberg – Possui graduação em Psicologia pela Universidade de São Paulo (1965) e doutorado no Laboratoire de

Biopsychologie de l'Enfant – École Pratique des Hautes Études Université de Paris (1969), título reconhecido pela PUC-SP em 1985. Atualmente é pesquisadora sênior da Fundação Carlos Chagas e professora titular em Psicologia Social da Pontifícia Universidade Católica de São Paulo. Na Fundação Carlos Chagas é coordenadora, no Brasil, do Programa Internacional de Bolsas de Pós-Graduação da Fundação Ford.

Karina Almeida de Sousa – Mestranda em Sociologia pelo Programa de Pós-Graduação em Sociologia (PPGS), pela Universidade Federal de São Carlos (UFSCar). Desenvolve pesquisa na área de Sociologia, com ênfase em Sociologia da Educação e Sociologia das Relações Étnico-Raciais.

Kelly Cristina Cândida de Souza – Graduada em Pedagogia pela Faculdade de Educação da Universidade Federal de Minas Gerais no ano de 2008. É professora da Educação Básica na Rede Municipal de Contagem (MG). Participou como bolsista de iniciação científica (FAPEMIG) da pesquisa "Formando Professores/as da Educação Básica para a Diversidade" e é membro do Programa Ações Afirmativas na UFMG.

Nilma Lino Gomes – Possui graduação em Pedagogia pela Universidade Federal de Minas Gerais (1988), mestrado em Educação pela Universidade Federal de Minas Gerais (1994), doutorado em Ciências Sociais (Antropologia Social) pela Universidade de São Paulo (2002) e pós-doutorado em Sociologia pela Universidade de Coimbra – Portugal (2006). Atualmente é professora adjunta do Departamento de Administração Escolar da Universidade Federal de Minas Gerais, Bolsista de Produtividade/CNPq, coordenadora do NERA – Núcleo de Estudos sobre Relações Raciais e Ações Afirmativas e coordenadora-geral do Programa Ações Afirmativas na UFMG.

Petronilha Beatriz Gonçalves e Silva – É professora titular de Ensino-aprendizagem - Relações Étnico-Raciais da Universidade Federal de São Carlos (UFSCar), pesquisadora do Núcleo de Estudos Afro-Brasileiros/UFSCar e Coordenadora do Grupo Gestor do Programa de Ações Afirmativas da UFSCar. Doutorado em Ciências Humanas-Educação pela Universidade Federal do Rio Grande do Sul (1987). Realizou estágio de Pós-Doutorado em Teoria da Educação, na University of South Africa, em Pretoria, África do Sul (1996). Por indicação do Movimento Negro, foi conselheira da Câmara de Educação Superior do Conselho

Nacional de Educação, mandato 2002-2006. Nessa condição foi relatora do Parecer CNE/CP 3/2004 que estabelece as Diretrizes Curriculares Nacionais para a Educação das Relações Étnico-Raciais e para o Ensino de História e Cultura Afro-Brasileira e Africana e participou da relatoria do Parecer CNE/CP 3/2005 relativo às diretrizes curriculares Nacionais para o curso de Pedagogia. Tem experiência na área de Educação, com ênfase em Tópicos Específicos de Educação, atuando principalmente nos seguintes temas: educação e relações étnico-raciais, negro e educação, direitos humanos, práticas sociais e processos educativos, políticas curriculares.

Tatiane Cosentino Rodrigues – Possui graduação em Pedagogia e mestrado em Ciências Sociais pela Universidade Federal de São Carlos (2005). Atualmente é doutoranda em Educação pela UFSCar e bolsista da Fundação de Amparo à Pesquisa do Estado de São Paulo.

Valter Roberto Silvério – Possui graduação em Ciências Políticas e Sociais pela Fundação Escola de Sociologia e Política de São Paulo (1985), mestrado em Ciências Sociais pela Universidade Estadual Paulista Júlio de Mesquita Filho (1992) e doutorado em Ciências Sociais pela Universidade Estadual de Campinas (1999). Atualmente é professor associado da Universidade Federal de São Carlos. É coordenador do Núcleo de Estudos Afro-Brasileiro (NEAB) da UFSCar.

Conheceça outros títulos da
Coleção Cultura Negra e Identidades

- **A consciência do impacto nas obras de Cruz e Sousa e de Lima Barreto**
  Cuti

- **Afirmando direitos – Acesso e permanência de jovens negros na universidade**
  Nilma Lino Gomes e Aracy Alves Martins

- **Afro-descendência em *Cadernos Negros* e *Jornal do MNU***
  Florentina da Silva Souza

- **Bantos, malês e identidade negra**
  Nei Braz Lopes

- **Comunidades quilombolas de Minas Gerais no séc. XXI – História e resistência**
  Centro de Documentação Eloy Ferreira da Silva – CEDEFES (Org.)

- **Decolonialidade e pensamento afrodiaspórico**
  Joaze Bernardino-Costa, Nelson Maldonado-Torres, Ramón Grosfoguel

- **Diversidade, espaço e relações étnico-raciais: o negro na Geografia do Brasil**
  Renato Emerson dos Santos (Org.)

- **Experiência étnico-culturais para a formação da professores**
  Nilma Lino Gomes e Petronilha Beatriz Gonçalves e Silva (Orgs.)

- **Literaturas africanas e afro-brasileira na práticda pedagógica**
  Iris Maria da Costa Amâncio, Nilma Lino Gomes, Miriam Lúcia dos Santos Jorge (Orgs.)

- **Negritude – Usos e sentidos**
  Kabengele Munanga

- **O drama racial de crianças brasileiras – Socialização entre pares e preconceito**
  Rita de Cássia Fazzi

- **O jogo das diferenças – O multiculturalismo e seus contextos**
  Luiz Alberto Oliveira Gonçalves e Petronilha Beatriz Gonçalves e Silva

- **Os filhos da África em Portugal – Antropologia, multiculturalidade e educação**
  Neusa Mari Mendes de Gusmão

- **Os guardiões de sonhos – O ensino bem-sucedido de crianças afro-americanas**
  Gloria Ladson-Billings (autoria), Cristina Antunes (tradução)

- **Racismo em livros didáticos – Estudo sobre negros e brancos em livros de Língua Portuguesa**
  Paulo Vinicius Baptista da Silva

- **Rediscutindo a mestiçagem no Brasil – Identidade nacional *versus* Identidade negra**
  Kabengele Munanga

- **Sem perder a raiz – Corpo e cabelo como símbolos da identidade negra**
  Nilma Lino Gomes

- **Tecendo redes antirracistas**
  Anderson Ribeiro Oliva, Marjorie Nogueira Chaves, Renísia Cristina Garcia Filice, wanderson flor do nascimento

- **Um olhar além das fronteiras: educação e relações raciais**
  Nilma Lino Gomes (Org.)

- **Vozes negras em comunicação**
  Laura Guimarães Corrêa

Este livro foi composto com tipografia Minion Pro e impresso
em papel Off-White 80 g/m² na Formato Artes Gráficas.